人物篇

唐东杰布传

无处不道场,五十六座铁桥造福众生
行善为基业,始终怀一颗公心安身立命

《幸福拉萨文库》编委会 编著

西藏人民出版社

图书在版编目（CIP）数据

唐东杰布传/《幸福拉萨文库》编委会编著. -- 拉萨：西藏人民出版社，2019.6（2021.9 重印）
（幸福拉萨文库）
ISBN 978-7-223-06328-9

Ⅰ. ①唐… Ⅱ. ①幸… Ⅲ. ①传记文学－中国－当代 Ⅳ. ① I25

中国版本图书馆 CIP 数据核字（2019）第 079541 号

唐东杰布传

编　　著	《幸福拉萨文库》编委会
责任编辑	张慧霞
策　　划	计美旺扎
封面设计	颜　森
出版发行	西藏人民出版社（拉萨市林廓北路20号）
印　　刷	三河市东兴印刷有限公司
开　　本	710×1040　　1/16
印　　张	14
字　　数	207 千
版　　次	2020 年 6 月第 1 版
印　　次	2021 年 9 月第 2 次印刷
印　　数	10,001-12,000
书　　号	ISBN 978-7-223-06328-9
定　　价	35.00 元

版权所有　翻印必究

（如有印装质量问题，请与出版社发行部联系调换）

发行部联系电话（传真）：0891-6826115

《幸福拉萨文库》编委会

主　　　任	齐扎拉	西藏自治区党委副书记、自治区政府主席
	白玛旺堆	西藏自治区党委常委、拉萨市委书记
常务副主任	张延清	西藏自治区政府副主席、日喀则市委书记
	果　果	拉萨市委副书记、市长、城关区委书记
	车明怀	西藏社科院原党委书记、副院长
副 主 任	马新明	拉萨市委原副书记
	达　娃	拉萨市委原副书记、市人大常委会主任
	肖志刚	拉萨市委副书记
	庄红翔	拉萨市委副书记、组织部部长
	袁训旺	拉萨市政协主席、经开区党工委书记
	占　堆	拉萨市委常委、常务副市长
	吴亚松	拉萨市委常委、宣传部部长
主　　　编	《幸福拉萨文库》编委会	
执行主编	占　堆	拉萨市委常委、常务副市长
	吴亚松	拉萨市委常委、宣传部部长
副 主 编	范跃平	拉萨市委宣传部常务副部长
	龚大成	拉萨市委宣传部副部长
	李文华	拉萨市委宣传部副部长
	许佃兵	拉萨市委宣传部副部长
	拉　珍	拉萨市委宣传部副部长
	赵有鹏	拉萨市委宣传部副部长

委　　员	张春阳	拉萨市委常务副秘书长
	张志文	拉萨市人大常委会副秘书长
	杨年华	拉萨市政府副秘书长
	张　勤	拉萨市政协副主席
	何宗英	西藏社科院原副院长
	格桑益西	西藏社科院原研究员
	蓝国华	西藏社科院科研处处长
	陈　朴	西藏社科院副研究员
	王文令	西藏社科院助理研究员
	阴海燕	西藏社科院助理研究员
	杨　丽	拉萨市委宣传部理论科科长
	其美江才	拉萨市委宣传部宣教科科长
	刘艳苹	拉萨市委宣传部理论科主任科员

前言

一生跋涉，只为初心

长路悠悠未忘禅，此去我心犹惘然。
善因善果何处觅？应在尘世云水间。

谈佛论法，贵在智慧。修禅悟道，须有恒心。而跋涉在山川之间，混迹于市井之中，为众生做善事，行大业，对于一个虔诚向佛的修行者来说，更是值得用一生去实践的可贵之事。古往今来，有多少拥有大智慧的修行者，他们能开宗立派，传一家之言，成一人之佛，但如汤东杰布一般，传万世之言，成万人之美者，实在是凤毛麟角。

佛曰："禅居一地修行易，跋涉万家证果难。"

如同一座高山，汤东杰布在藏族人民心中意义深重。当看到家家户户怀着敬仰和钦佩，对这位虔诚的禅师、伟大的建筑师、天才的戏剧家顶礼膜拜时，我们不禁发问，是什么使得汤东杰布如此受人尊崇？

万般因缘，皆可从其诞生说起。

汤东杰布出生于今西藏日喀则昂仁县境内的一户普通家庭，生来便具异象。传说他是莲花生大师的意转世，是在其圆寂五百年后，为了解救沉沦在劫难中的西藏众生而降生的。汤东杰布自幼聪颖，比同龄人更显成熟。在他很小的时候，其父多吉坚赞便送他到附近的寺庙学习。汤东杰布年纪轻轻，便以超卓的天分和智慧博得了人们的赞许，早早取得了格西学位。

在青年时期，汤东杰布比任何人都要刻苦，对佛经的见解更是与众不同。他提出过许多看似荒唐，实则蕴含智慧的真知灼见，被其他僧人嫉妒误解，称为"疯子"。这一时期的汤东杰布，在人们心中是一位虽有才学，但个性骄傲的怪人。世人皆因其天赋抚掌而赞，又为其疏狂而摇首叹息。

好在汤东杰布不落窠臼，发誓走一条与众不同的禅修之路。相对于一般修行者止于在寺庙禅修打坐的方式，汤东杰布的见地尤为可贵。他看到西藏道路崎岖坎坷，旱灾连年发生，百姓生活在水深火热之中，便立下宏愿，要用所学的佛法来行善业，度世人。

千里之行，始于足下。远大的理想加上坚忍不拔的毅力，使汤东杰布走出了一条辉煌之路。他跋涉于西藏的群山之间，出没于寻常村市，亲身体验与老百姓息息相关的衣食住行。有感于当时西藏极不方便的交通，汤东杰布决定在各地修建铁索桥，为众生谋求幸福。经过招收徒弟、积累资金、采矿冶铁等充分的准备，他率领工匠弟子，建成了第一座铁索桥。

从在拉萨河上修建第一座铁索桥起，这位铁桥活佛便一发而不可收。他用了半个世纪的时间，在拉萨各地建成了共计五十八座铁索桥，为西藏百姓的出行、经商，以及西藏各地的物资运输，带来了巨大实惠。汤东杰布用双脚走出了精彩纷呈的一生，这一生之宏图伟业，超越今古；这一生之禅修妙悟，灿烂若莲。

一草一木，皆有禅理；一风一雨，关乎民生。正因为唐东杰布对百姓几十年如一日的关怀，才有了百姓对其至高的崇敬和膜拜。在人们心目中，唐东杰布已经超越了一般活佛的概念，他的贡献不局限于为百姓加持祈福、讲经说法。在他身上，铁桥建筑大师、藏戏鼻祖、藏医药大师、救世度人的行善者，这些耀眼的光环绝非夸饰，而是实至名归：

　　在戏剧方面，唐东杰布被后代藏戏演员奉为鼻祖。在当今，所有的藏戏队在表演之前，都要先把唐东杰布的唐卡画像挂在演出场地的正中间，以示对他的尊重。

　　尽管藏戏的起源问题还未有定论，但可以确定的是，藏戏同其他民间艺术形式一样，绝非由某一人创作，而是经过若干代人的集体探究，不断丰富，演化发展而成。

　　而在藏戏丰富、发展历程中，唐东杰布无疑写下了浓墨重彩的一笔。在修建铁索桥的同时，为了宣传工程、筹集资金，他别出心裁，创造性地将传统歌舞艺术的优点发扬光大。他组建的藏戏队，足迹遍布西藏各地，深入到人民群众之中。自唐东杰布以后，藏戏在人们心中的地位大大提高，逐渐成为日常生活中不可或缺的一部分。

　　在医药方面，多年普度众生行善业的旅途，让唐东杰布深入到人民当中，切实了解了老百姓的疾病痛苦。他从诸部佛经中汲取营养，积累了丰富的医药学经验。他结合实际情况，发明了能治内科百病的白丸秘方，还发明了能治流行性瘟疫的红丸秘方，并在拉萨甲波日修建了药王庙，供藏族百姓祭拜祈福。

　　在佛教方面，根据可考的史料显示，唐东杰布并未在佛教领域取得重要成就，更多的是以建筑师、藏戏大师的形象出现。这或许和他多年来忙于行善大业，没有在固定的寺庙中皓首穷经、参悟佛法有关。但不可否认，汤东杰布是一位杰出的佛教圣人，是人们心中真正的活佛。

关于汤东杰布的生卒年，历来有1385-1464年、1385-1509年、1361-1485年三种说法，其真实年龄已成为一个未解之谜。本书采纳的是久米德庆《汤东杰布传》[①]中的说法，即1361-1485年——这位高寿的活佛，用125个年轮走完了他辉煌的一生。

本书以《汤东杰布传》为蓝本，参考了14-15世纪西藏地区历史、地理、文化、科技、医学、戏剧等方面的相关史料，力图在如实还原历史的基础上，对汤东杰布传奇的一生做出生动合理的演绎，希望能使汤东杰布的形象在当代读者心中更加鲜明。在一些普通人力不可达到的神迹领域，本书根据传说，做出了一定限度的删减或拓展，最终还是希望从实际出发，并照顾到宗教领域的信仰。另外，限于学识与史料的不足，本书出现的部分难以考证的人名、地名及佛典名称，仅能根据《汤东杰布传》予以记述。诸般疏漏之处，还请各位读者指正。

---

① 即久米德庆《汤东杰布传》，德庆卓嘎、张学仁译，西藏人民出版社1987年版。以下提及的《汤东杰布传》皆为此版本。

目录

第一部　牧童·成长　知者便是主人

第一章　五百年后的取经人

预言的第一道台阶·002
长梦与证示·005
仁钦顶的圣人诞生了·010

第二章　人间试炼场

神佑之子·013
小羊倌的蹊跷·015
博学而傲慢的小喇嘛·018
雨夜禅定·021
第一次生意的得与失·024
干练的人，才能教法世人·027

第三章　佛与红尘，我在中央

剃度仪式决定修行一世·029
疯子其实是最清醒的人·032
为修善果，先积善因·035
行善先要自立·038
神通俱现·041

第四章　最后一程商旅事

与商人同行·043
破财的家伙·046
得失有数，何必苦求·050

第二部　游侠·修善　另一种摆渡者

第五章　别了，故地的庙门

行善即是财富·054
开启传播者历程·058
尼泊尔，一见如故·062
印度之旅·065

第六章　心中的空行母

回到母亲身边·069
明月照我心·071
慈母仙逝·074

第七章　朝圣与渡河

踏冰行走的怪人·076
苦行者之心誓·079
匍匐在大昭寺脚下·082
不能忘却的重任·084

第八章　莲花光明宫的喜宴

这不是一步一步在往地狱走吗·086
同渡一艘船何其不易·089
拜见莲花生大师·092
放歌高唱是为众生·094

第三部　匠师·行业　无处不道场

第九章　走在中途的引路人

广收门徒·098
追随我，不如追随我佛·100
破除繁缛，直达本心·102
年岁已老，不改初衷·105

第十章　再见，是一句承诺

亲身经历，方得真知·107
静下心来工作·110

名望和财富，都会失而复得·112
调伏珞巴族众生·114
善恶之分·117

第十一章　当勇士碰上毒酒

铁桥活佛·120
铁索悬河·123
他实在太累了·125
毒酒的考验·128
佛与众生本同行·131

第十二章　拉萨河上的曲折

岁有荒年，志向更坚·134
两度兑换尽是诚意·137
百折不挠再架桥·140
以宝贝做佛像·142

第十三章　布下行善之种

萦绕不散的亲情·144
皇帝前的教法国王·147
消除贪念，尽己本分·149
不完美才是常态·151
追随者的心声·153
以我之善，及人之善·157
教化达那姑娘·159

第四部　戏神·唱作　众生悲欢都倾尽

第十四章　始于偶然，止于永久

与七千流浪艺人有关·164
意外的创造·166
七仙女之舞·169
由白面具到蓝面具·171

第五部　信人·自在　此心安处是吾乡

第十五章　麦杂塔的馈赠

寻找坚强的勇士·176
生与死之间·180
修缮麦杂塔·184

第十六章　一城安身心自在

好事多磨·187
吉祥多门塔的落成·190
开始崭露头角·193
佛堂里的秘密·195

第十七章　最理想的衣钵传人

天下事，犹未晚·198
继承者之昭·202
最后的志业·205

主要参考文献·208

第一部
牧童·成长　知者便是主人

　　历史总能够自经过滤，留下最沉淀而闪光的部分。

　　一如几百年的艺术加工让唐僧在文学作品中形象树立，却将真实的玄奘推为一个轮廓模糊的背影。在今日的西藏，当唐东杰布的声誉赫赫如传奇时，赤乌班登的本名早已镌刻成了化石，融入当地不朽的信仰。

　　仪式是那样随喜而庄重：在每一架铁索桥上，百姓的脚印忠实地踏行而过；在每一场藏戏开演前，观众将献礼虔敬地双手奉上——清油、羊毛、哈达都是质朴而尊贵的供养。

　　而从那白须白眉、手持八节铁索的塑像或画像里，走出的是一个灵性的牧童，一名随喜的士兵，一个慈善的商人，一位倔强的格西。

第一章 五百年后的取经人

预言的第一道台阶

寒烟轻抚过沧桑的脸庞,
拂过泛着白气的寂寥山岗。
听耳畔风儿呼啸回响,
一转眸,摇曳的青稞指向太阳。
羊群像流云徜徉在草野,
弓下脊梁托起宁静的黄昏。
古寺如峰峦屹立在大地,
檐下是谁默默旋转经轮?
那是人间虔诚的梵音,
那是微笑着讲述一切的西藏母亲。

西藏如一位美丽善良的母亲,她有蓝天增色,白雪润颜,花树映衬,牛羊相伴。千百年来,她看遍了连绵起伏的群山,踏过了终日积雪的峰峦,播下了迎着朝阳茁然生长的草籽。她欣赏着飞渡峭壁的羚羊,孕育着淳朴善良的牧民,守望着古寺灯下参悟禅境的灵魂。

西藏又是一片天然的锤炼场,这里的人民自出生起,就扎根在大自然的怀抱里。有时发生地震,大地张开裂口,吞进整个村庄;有时下起暴风雨,顷刻间冲垮山峦，将来往的一切埋葬；有时野兽奔袭，雄壮的咆哮在耳畔回荡。在自然势力的摆布下，人们挣扎求索，顽强生存。是佛教的传入，在众生的精神世界里汇入了一道永不干涸的清泉。

那是8世纪的后半期，印度高僧莲花生大师应赞普赤松德赞邀请，跋山涉水，将佛教密宗传入吐蕃。他将印度佛教与吐蕃风俗相结合，栉风沐雨，亲身传教，受到了人民的虔诚爱戴。

禅心难一悟，不语更千年。莲花生大师虽将佛法之种播于吐蕃众生的心底。然而佛法之奥义何其精深，即便最智慧的修行者亦无法穷究其奥妙，更无从到达大圆满的境界。加之世间众生芸芸，恶行扰扰，一些佛法因缘尚未成熟，需要留待后世，时机成熟时才能重现光耀。同时，莲花生大师预见到后世将要发生的饥荒、干旱、雪崩等劫难，劫后余生的百姓更需要佛法的引导。因此，他以大智大悲之心著下许多经文书卷，连同一些佛像、法器埋藏起来，等待将来的有缘人寻经弘法，这就是"伏藏"。

而位于拉萨东南的杂日，据传便是莲花生大师的一处伏藏所在。

杂日地处雅鲁藏布江南侧，珞瑜地区北沿，是藏传佛教著名的圣地。这里古木葱茏，清泉萦绕，繁花锦簇，牛羊成群。处身其间，宛如身在莲花盛放的梦境里。

每当清晨第一缕阳光洒向这片净土时，清修的僧侣们便会走出他们的修行洞，带领来自各地的朝拜者面向朝阳，肃穆合掌。人们围绕着杂日山林提足跋涉，一步一步，仿佛走过了时光潺潺的长河，所有有关莲花生大师的古老传说都早已深深烙印在他们的心底。

相传，莲花生大师具有追溯过去、看透现在、预知未来的"知三时"之力。如果谁能够得到他的加持祝福，一生都会平安喜乐，远离祸端。越来越多的人开始追随在他的左右，聆听精深佛法，明悟梵门奥义。

一日，莲花生大师令弟子们将许多含义深刻的经书搬进他居住的宫殿，藏于一个隐秘之处。众人挥汗如雨，一忙就是半日。快结束时，一位刚入门的弟子按捺不住心中的疑问，在人群中议论道："莲花生大师通晓三时，大到三千里外雪山崩塌，小到神坛上的羚羊呼吸，都逃不过他的眼睛。还有什么事情是他不知道的，需要在经书中寻找呢？"

另一位弟子道："师尊自然怀有大无上之神通，然而我们佛家传法最讲求因缘。我想，师尊是觉得眼下因缘尚未成熟，要等很久以后，有人能够领悟这些佛法时，再由他将这些经书取走吧。"

莲花生大师听了这番议论，欣然道："你说得对，这些经书确是为一个人准备的——那是五百年后的今天，我的转世唐东杰布将来到这座宫殿，取走我藏在这里的经卷，来救赎那些沉溺在苦恼尘世中的凡人啊。"

"唐东杰布……"弟子低头念叨着这个名字。半晌，他忽然双手合十，高声吟唱："伟大圣洁的莲花生大师，你的灵魂会伴着那个人，普度世上受苦的子民。望他修行深奥之妙法，解脱五浊恶世①的众人！"

殿内一片肃穆，只有莲花生大师微笑着点了点头。

悠悠来时路，拈花一笑逢，勘破情怀处，解封禅语中——尘世浊苦，万象变迁，来固无形，去亦无迹。唐东杰布啊，你能否如期降临人世，又能否在五百年后准时来到此处，取走那些属于你的被尘封的记忆？

风吹过，叶绿了又黄，黄了又青。时光荏苒，百年亦不过弹指。这些经书就这样静静地躺在暗角，长伴在它们身侧的，只有天穹上那朵温柔缭绕的白云。

---

① 五浊恶世：五浊，指的是命浊、烦恼浊、众生浊、劫浊、见浊。佛家认为现实世界充满烦恼痛苦，是"五浊"充盈之所。

长梦与证示

对于莲花生大师来说,一切因缘都已准备就绪。当时间定格在藏历第六饶迥铁牛年(1361年)时,那命中注定的传人便会降临世间。

从这一刻起,一个新的传奇即将开始,一段新的故事即将谱写,他将出生,牙牙学语,学会走路。他将长大成人,经商贩货,修佛悟道,建铁桥,创藏戏,造福世人。

但对于一位平凡的妇女来说,一切未知的意义当然都比不上她即将出生的儿子。

洁白的云彩飘浮在湛蓝的天空上,日喀则境内的小村苇瓦如同一颗明珠般镶嵌在宗教沃土仁钦顶的境内。这里不仅土地肥沃,物产丰饶,而且佛教气氛浓郁,世世代代出了许多法王。不要说那些一生信佛的修行者,就连村内的普通小孩,也对佛法僧三宝格外尊敬。

那是一个日色和煦的午后,一位女子斜靠在屋外的草席上,眯缝着眼睛晒太阳。她家的院子铺满了泛绿的小草,虽然只是初春,院尽头的篱笆墙下已然微微泛青。阳光透过薄云,将女子红润的肌肤照得灿然生光。她是那样姣好、美丽,只有额头上三条浅浅的皱纹,依稀折射出岁月的印痕。

她叫加嘎拉姆,是当地大族仁增东之孙机哲龙巴·多吉坚赞的贤良妻子。

一阵微风吹过,加嘎拉姆忽然睁大眼睛,她隐约看到村子远处的山巅上,有异样的光芒闪烁。

在她的目力尽头,是一座挺峻的岩石山。这座山不算很高,却有诸多天然形成的洞窟。自古以来,便有许多僧侣在洞内修行悟道,因此岩石山也被村人视为一处圣洁之地。

加嘎拉姆心中透过一丝疑惑：莫非有佛家大师在此地降临？

加嘎拉姆挪了挪身子，吃力地想要站起。可她显著隆起的肚腹却固执地说"不"，这腹中的胎儿偏偏闹腾得欢呢。加嘎拉姆微笑着抚了抚腹部。一个魁梧的中年男人恰好走进院子，这一刻，他看到妻子周身充满了慈爱的光辉。

"多吉，你回来了！"

多吉坚赞刚一进院，就撂下手中的牧鞭，抢身向前，将她扶住。被他拉住手腕，加嘎拉姆心头一阵悸动，腮边染上了一层淡淡的红晕。

多吉坚赞小心翼翼地将她扶起来，道："怎么样，身子好吗，孩子还好吗？"

"我还好，不过这小东西最近活蹦乱跳的，怕是等不及要出来了呢。"加嘎拉姆脸上洋溢出幸福之色，她抚了抚丈夫被风吹乱的头发，关切道，"倒是你，我现在不能干活了，累得你一个人既要牧牛放羊，又要操持家务。瞧瞧这头发，都多久没洗了……"

"这算啥？咱们苇瓦的男人，哪一个不是顶梁柱？"多吉坚赞笑道。他紧紧握着加嘎拉姆的手，"孩子快要出生了，你要安心养着，可不能轻易起身，动了胎气啊。"

"多吉，方才我好像看到对面的山上有白光。"加嘎拉姆同丈夫一起向岩石山望去，那道光芒却没有了。"奇怪，方才光芒很盛，我还以为是有大师降临，怎么现在又消失了？"

"呵呵，一定是个好兆头呀。"当时的百姓们都十分看重祥瑞，多吉坚赞也不例外，他笑着将妻子缓缓扶进屋子，道："你好好歇着，我去给你做些吃的。"

"糌粑就行！"

"你现在正是补身子的时候，光吃糌粑怎么行？"

看着丈夫魁梧的身躯消失在门口，加嘎拉姆幸福地笑了，她抚着肚子，自言自语道："孩儿啊，已经将近十二个月了，你快快出来吧，你的阿爸，你的大哥色如白，二哥罗奔白翠，他们都等不及要看看你呢。"

等到多吉坚赞捧着一碗热腾腾的酥油茶进门时，加嘎拉姆已经进入了梦乡。

"加嘎拉姆……加嘎拉姆……"朦胧中，耳畔传来一阵悠远的呼唤，加嘎拉姆感到身子变得无比轻盈，几乎可以飘起来。正惊奇时，只见天空中忽然落下一朵洁白的云彩，顺着她惊异的目光，像是听奉召唤一般来到身前。

加嘎拉姆不由自主地攀上云彩，御风而行。一路上天花散落，香气袭人。不过一刹那，她就飞到一座山顶。这山的外形崎岖挺峻，酷似村上的那座岩石山。加嘎拉姆正疑惑时，茫茫天宇下，只见万道佛光照向山顶。不知何处，传来了"吉祥如意"的祝祷声。

加嘎拉姆心生感敬，她双手合十，向着佛光虔诚跪拜。云朵继续向前方飘动。须臾之间，就来到了传说中的四洲[①]世界。滚滚红尘，茫茫人海。众生脸上现出诸般苦难之色。云从天穹降落，加嘎拉姆足尖刚一落地，就有许多或眼盲、或腿跛的人围到她身边，求她大发善心。加嘎拉姆潸然落泪，她默念佛经，向上天虔诚祷告，祈求老天给眼盲之人光明，为跛腿之人疗伤。苦痛的残疾人因她的祈祷，重获健康，没钱的穷人得到她的布施，喜笑颜开。众人散去了，加嘎拉姆却一点都不觉得疲惫。不知怎么，只要看到人们脸上洋溢着欢喜，她就愈发神清气爽，仿佛浑身都是力量。

天地旋转，物换星移，一束五色彩虹在西南方升起。加嘎拉姆踏上彩虹一路走去，不久就看到了一座白雪皑皑的高山。在山顶的一个莲花宝座上，坐着一位光芒四射的大佛。他一手托着莲花台，一手握着金刚杵，正微笑地看着前来造访的女子。

加嘎拉姆不知道这位佛是谁，就悄声询问立在宝座侧面的一位侍者。侍者道："加嘎拉姆啊，他就是莲花生大师，现在你有了身孕，不妨磕头求个如意妙果。"加嘎拉姆心中大惊：原来他就是莲花生大师！她连忙上前跪拜祷告，只听见莲花生大师庄严的声音在耳畔响起："加嘎拉姆，你既能来此，便是与我有缘。我将这些佛骨舍利赐予你，你把它们带回去，将来自然有人借此弘扬

[①] 四洲：古印度人的世界观中，须弥山四方大海中的大陆乃人类所居住的洲渚，即东方胜神洲、南方赡部洲、四方牛贺洲、北方俱芦洲。

佛法，造福众生。"

　　加嘎拉姆满怀感敬地接受了馈赠，辞别而去。天地渐渐变得模糊，万般景象如同倒影般飞速流逝。大风呼啸，云海蒙蒙，将四洲世界的一切变得渺小起来。正微冷时，一束光自莲花生大师居住的高山飞来，护佑着加嘎拉姆盘旋而落。她感觉浑身暖洋洋的。待到再睁开眼时，沁着香气的酥油茶袅袅生烟，小屋外已是日影横斜。

　　梦是现实的写照，即使看似无缘无由，也会在冥冥之中穿透人心。

　　自从做了那个充满象征意义的长梦后，加嘎拉姆就有些心神不宁。在梦中受到赐福的经历，让她既是激动，又是困惑：我一向上敬三宝，下发善心，是我的诚意感动了神，使他将至高无上的神力赐予我了吗？自从有了身孕后，在睡梦中我常常感受到有声音在召唤自己，难道这孩子是被选中的神子，莲花生大师想要借我之手，将那佛骨舍利传给他吗？唉，无论如何，我还是去附近的贡棒寺请教一下有德的大师吧！

　　听了加嘎拉姆的想法后，多吉坚赞道："加嘎拉姆，贡棒寺离这里有一个多时辰的脚程，你有了身孕行动不便，就不要亲自去了，我去请那里的大师来好吗？"加嘎拉姆摇了摇头："多吉，我知道你是爱护我，可是求佛之事，贵在心诚，我们亲自去求还怕求不到，怎么能让贡棒寺的大师来这里呢？"

　　多吉坚赞知道妻子的脾气，平时她一向温婉善良，依顺自己，但在敬佛一事上却十分坚定，半分动摇不得。没办法，两人商定歇息一晚，明天一大早就出发。

　　在出发前的傍晚，加嘎拉姆又做了一个梦：朦胧之中，似乎有人在召唤自己："加嘎拉姆，加嘎拉姆，快来呀。"她不由自主地下地开门，向西走去。冬日的山间寒气缭绕，亮白的明月悬在中天，透过树林枝丫，投下一缕缕水银月色。那声音仿佛就在明月之下召唤着她。她听到呜呜的海螺声，又听到远方隐隐传来的讲经说法声。就这样不知行了多久，直到天边泛白，加嘎拉姆忽然停住脚步，一愣神间，一座恢宏巍峨的金顶寺庙屹立在眼前。

　　这是哪里呀？加嘎拉姆心中奇怪。寺内仿佛有薄薄的佛光笼罩，让她瞧不清楚。她看向寺门，只见门前的青石地板上有着等身长头的深深印痕，加嘎拉姆怦然心动，那是多少位虔诚信徒磕了多少个长头才留下的啊！要知道磕长头是信徒中最挚诚的礼佛方式之一，磕头朝圣的人五体投地匍匐，双手前伸，每伏下一次，那额头亲吻地面的轻响便是对心灵最纯净的叩问。人来人往，周而复始，不知经过多少年，才留下这拇指深的烙痕。

　　破晓的钟声伴随着修行者虔诚的吟喃，传到加嘎拉姆的心底。仿佛想起了什么，她猛然意识道：原来此地就是拉萨，而眼前巍峨的金顶寺则是大昭寺！在这所有藏传佛教徒都向往的圣地上，加嘎拉姆轻轻走进寺门。刚一进去，就有一对神子和一对仙女上前迎接。加嘎拉姆跟随他们走过一处天井似的院落，绕过院落东侧点着数排酥油灯的小路，来到大昭寺的主殿中。

　　大殿左右各有一尊巨大的佛像，右侧是弥勒佛，左侧则是莲花生大师。加嘎拉姆被早在殿内等候的神子仙女们簇拥到一个高高的、垫有百叶莲花和日月图案的宝座上，有人将一个浑身散发着香味的孩子捧入她怀中。加嘎拉姆仔细端详着孩子，只见他眉毛浓密，眼神明亮，咧嘴笑时，好像善怒双全的金刚；抿唇思考时，又如同智慧非凡的圣者。虽然看起来只有两三岁，却让人既敬又爱。加嘎拉姆心中倏尔腾起一股慈爱之情，她双手环抱起孩子，默默许下心愿：万能的弥勒佛和莲花生大师在上，我加嘎拉姆一定悉心将这孩子抚育成人，让他的智慧和力量照耀整个乌斯藏[①]！

　　做了这个梦之后，加嘎拉姆更加坚定了去贡棒寺求佛的信念，第二天天刚亮，她就在丈夫多吉坚赞的搀扶下出发了。

　　贡棒寺在苇瓦向西五六里的地方，来到这里后，他们见到了寺内有德的大僧坚赞多吉。听加嘎拉姆说着事情的缘由和梦中故事，坚赞多吉越来越惊讶，待听完后，他叹道："神奇呀，神奇呀！莲花生大师早就预言说，圣地苇瓦要出一个叫'唐东杰布'的圣人，他是莲花生大师的转世。说不定你腹内的胎儿就是这位圣人呢，你可要好好保重身体啊！"

　　"真是这样呀……"加嘎拉姆激动得喜极而泣，"真是太感谢您了，我这就回去好好调养，如果真如您所说，那真是我们夫妇以及整个苇瓦的荣幸！"

[①] 乌斯藏：元、明时期对前后藏的称谓。

仁钦顶的圣人诞生了

> 日子一天天过去，
> 那些梦儿都未曾忘记：
> 梦中进入大昭寺，
> 如同来到了仙佛圣地。
> 莲台圣子环绕我，
> 经幡招展是吉祥如意。
> 一盏佛灯如月明，
> 预示黑暗将消失匿迹。
> 若佛真的选中你，
> 我的孩子啊，
> 请安然无恙地呱呱落地。

日影开始一天天变短，喜马拉雅山的积雪开始融化。商人江村带着满载银器的商队，自尼泊尔一路赶向苇瓦。

大风如刀，呼啸着撕割着他的脸庞，江村加紧步伐，归心似箭。这趟尼泊尔之行获益颇丰，江村迫不及待地想要回到苇瓦，给雇主多吉坚赞带来这个好消息。

向贡棒寺的大师请教后，回到家中的加嘎拉姆加倍小心地呵护起肚中的胎儿。身为丈夫的多吉坚赞不但对她悉心照顾，在家族产业方面也打理有方。多吉是一个头脑聪明的男人，他凭借一片面积可观的土地，平日里雇人放牧种粮，不但能丰衣足食，还有足够的货物派人到外地贩卖。在多吉坚赞多年的努力下，他们家成了苇瓦一代有名的富户。

藏历第六饶迥铁牛年元月十五日，太阳刚刚爬上岩石山头。多吉坚赞就听到一阵咕噜噜的车轮声和悠扬的牛铃声。他朝村口一看，顿时喜上眉梢。

是江村，他带着货物回来啦！

江村回来后不久，多吉家派往磨儿勘①的商人也带十八袋清油回来了。真是好事连连！看着满车的货物，多吉坚赞开怀不已，他在迎接了伙计们后，就迫不及待地回到家，要将两个好消息告诉加嘎拉姆。这时，一声嘹亮的啼哭从屋内传来。

看到多吉进门，帮助接生的女用人大喊道："您快看啊，这孩子刚一落地就不哭了，他睁着大眼睛东张西望，嘴里还念着六字真言呢！"多吉往床边一看，躺在摇篮里的儿子果然非同寻常。他像一个将军巡视营地一般，环视着屋内的各个角落。嘴里还发出"唵嘛呢叭咪吽"的声音。听到女用人的话，孩子一咕噜坐了起来，说道："姐姐，不但如此，我还会这样呢！"说着就摆出一副威严不可侵的圣人般的姿势。闻讯赶来看喜事的商人、用人们瞧见了这神奇的景象，便在房顶上插满了白、黄、红、绿、蓝五色经幡，高兴地欢呼道："仁钦顶的圣人诞生了！"

加嘎拉姆有些虚弱地靠在床边，目不转睛地看着孩子。她意识到自己成了又一个孩子的一位母亲，一切似乎又回到了人生最初的起点。她仰起头，恬静地呼吸着屋外青草的味道，阳光掠过脸颊，映照在她深邃的瞳孔里。此刻，这位母亲脸上洋溢着的微笑是如此慈悲，一如诞下释迦牟尼的佛母摩耶。

婴儿诞生日的晚上，加嘎拉姆与丈夫商议道："记得莲花生大师多次托梦给我，这孩子说不定将来会有大功业呢。我们最好早点请一位活佛来，给他取个吉祥名字。"多吉坚赞沉默了一会儿。其实，在他心里对所谓托梦一事并非完全相信。他担忧道："你怀孕了十二个月，又常常梦见鬼神，真不知道这孩子的出生是大吉大利还是不祥之兆？"

---

① 磨儿勘：明代译称，即今西藏东部的芒康县。

在旁边睡着的婴儿仿佛听到了一切，他忽然睁开眼睛，说道："请阿爸不必担心，阿妈的梦不是恶兆。"

多吉坚赞大惊之余，方才坚信自己的这个儿子绝非寻常孩童。第二天大早，他就派人请来了贡棒·屯益坚赞活佛。

听了加嘎拉姆讲述怀孕以来和孩子出生的种种神奇故事后，活佛凝眉深思。

加嘎拉姆问道："大师，请问我梦中的预兆是凶是吉？"

活佛沉思半晌，方才答道："这真是不可思议！加嘎拉姆啊，你可能是一位圣母啊。昨晚我也做了一个梦，梦中有一位神子告诉我，为了解救众生，莲花生大师派其转世到人间来。我还亲眼看到很多人围着莲花生大师的佛像祈祷，唱歌。我走近一听，他们唱的词儿正是'赤乌班登'。既然早有梦兆，我就给他取名叫'赤乌班登'吧。希望他将来能够像莲花生大师一样普度众生，造福世人！"

第二章　人间试炼场

神佑之子

　　江村是多吉坚赞家的老伙计，多年的东奔西走塑造了他忠厚踏实的品行。不谦虚地说，他是当地最勤勉最精干的商人。每一次外出贸易，无论是跋涉荒凉的戈壁，还是翻越雪山，远涉异域，他都能将携带的货物卖上一个好价钱，换来异域的稀有品。

　　这次回来的时候正是秋天，村前村后的野草刚开始泛黄。远处的岩石山在一抹斜阳的映照下，略微有几分萧索。陌上忽传来一阵笑闹声，江村推了推帽檐，回头看去，看见两大一小三个男孩在放风筝。

　　这不是多吉坚赞家的三个孩子吗？个子最高的宽额头的孩子是老大色如白；身子敦实健壮的孩子是老二罗奔白翠——他正握着轱辘一端，牵着一只在蓝天上猎猎飞舞的白色菱形风筝奔跑；而跑在最后的，那个浓眉大眼、脚步蹒跚，只有三岁大的小孩，不就是三年前带着异象出生，给美丽安宁的小村苇瓦笼上了一层祥瑞的赤乌班登吗？

　　这个风筝必是多吉坚赞亲自为孩子们做的。竹篾为骨，宣纸为翼。在藏语中，风筝象征着飞翔的雄鹰。江村看着三个健康、活泼、快乐的小家伙，心想：愿你们将来像雄鹰一样展翅高飞！

　　"江村叔叔，一起来放风筝呀！"色如白大叫，他奔过来，笑嘻嘻地说道，"好几个月不见江村叔叔了，来陪我们一起玩耍啊！"江村拍了拍他的肩膀，笑道："又壮实了不少。你们先玩着，我要去见你阿爸了。"

"我和叔叔一起去!"色如白将双手拢在嘴边,朝两个弟弟喊道,"喂!罗奔白翠好好带着赤乌班登玩,我和江村叔叔去找阿爸了!"两个孩子却没有回答,仍笑闹着追逐风筝。江村哑然失笑,看样子他们玩得正欢,好像什么都没有听见一样。

走入多吉坚赞的院子,一个贤淑的身影正在熟练地摇着小石磨。炒熟的青稞粒被碾成细粉,在空气中散发着浓郁的香味,让江村想到了热乎乎的糌粑。他下意识地咽了咽口水,走到跟前:"加嘎拉姆,别来无恙啊!"

"是江村回来了。"加嘎拉姆微微一笑,朝屋内喊道:"多吉,你看是谁来了!"

"你可回来了,我的好兄弟!"多吉坚赞从屋子内走出,笑着拥抱他。两人携手入室,一边喝着热腾腾的酥油茶,一边聊起了江村这次去磨儿勘的见闻。色如白过来帮着阿妈做糌粑。"你的两个弟弟呢?"加嘎拉姆问道。色如白笑着说:"您不是不知道,三弟最贪玩,他还在和二弟放风筝呢。"

"这两个娃娃,真不省心,太阳都快落山了,还不回来。"加嘎拉姆嗔道,"快要吃晚饭了,等一会儿你去把他俩叫回来吧。"

过了大约半个时辰,老二罗奔白翠忽然急匆匆地闯进院子,他面色惶急,语带哭音:"不好啦!不好啦!阿妈,阿爸,三弟掉下悬崖了!""怎么回事?"加嘎拉姆大惊。罗奔白翠喘着粗气,断断续续地说:"三弟非要缠着我带他去岩石山上放风筝,我半路尿急,就把风筝给了他,自己去树下方便。回来后刚好看到三弟跑到悬崖边,他……他只顾着放风筝,也不看路,一下子就掉了下去!"

"我的孩子!"加嘎拉姆痛哭失声。多吉和江村闻声出了屋子,听到罗奔白翠的话,江村定了定神,劝道:"加嘎拉姆,你还记得吗,赤乌班登出生的时候,天空响起神乐,飞扬着花雨。他可是神佑的孩子啊,不会就这么轻易死的!我们还是赶紧去悬崖下面找找他吧。"

一家人急急忙忙地跑到岩石山的悬崖下寻找。让人没想到的是,赤乌班登正好端端地坐在一片草坪上!他不但没有摔死,当看到父母赶来时,还不高兴地嚷嚷:"阿妈,阿爸,我的风筝丢掉啦!"

"你活着就好!"加嘎拉姆一把将赤乌班登抱在怀里,喜极而泣。

小羊倌的蹊跷

> 曾念夜夜沐佛光，轻抛鞭哨弃牛羊。
> 寺中只恨韶光浅，月下但觉回路长。

赤乌班登小小年纪就智慧聪颖，父母看在眼里，喜在心头。

常言说母教子以慈，父教子以严。虽然孩子尚小，但多吉早早就开始考虑儿子的教育来。为了让小班登多受锻炼，他决定将放羊的任务交给小班登试一试。

这天夜晚，多吉坚赞不是很放心，就将孩子叫来，百般叮嘱起放羊需要注意的事情。谁知小班登听了一会儿，便打断了多吉的话，心不在焉地说道："阿爸，您就放心吧，我会让羊儿一只不丢，就算跑了也会让它自己找回来的。"多吉坚赞将信将疑：一个五岁大的孩子，哪能毫不费力就失而复得呢。而且赤乌班登这孩子从小就调皮贪玩，能把羊看住就不错了！

没想到放羊的第一天，赤乌班登就"开小差"了。

这天小班登起得很早，他吹着口哨，把羊儿赶上岩石山坡，说来也怪，羊群第一次被赤乌班登放养，就仿佛相识多年一般，十分听话地四散吃草。小班登靠在一株大榆树下无事可做，他的脑海中忽然浮现出那些一直念念不忘的佛像、佛经。小班登朝四下看了看，犹豫了一忽儿，最后终于耐不住性子，一咬牙悄悄丢下羊群，一路溜到了几里地外贡棒寺屯益坚赞活佛的经堂中。

时值屯益坚赞活佛向群弟子讲述佛经，一个小孩挤在人群里认真听经的样子，引起了弟子们的注意。他们又是好笑，又是疑惑。有一人问道："师父，这孩子那么小,也能听懂您所讲经文的意思吗?"活佛叹道:"痴儿!修行佛法在人本身的悟性,每人天分不同,缘法不同,岂能以年龄大小判断其智慧?尔等笑此子年纪小,此子还笑尔等太痴顽!"弟子们猛然醒悟,都收起了轻视之心。就这样,小班登在贡棒寺如饥似渴地听经学法,不知不觉,寺外已经笼上了一层红色的晚霞。

赤乌班登心满意足地离开了贡棒寺,但他的羊群却已经七零八落了。等到深夜他才牵着剩下的羊回到家中,早就焦躁不安的多吉坚赞正守在门口。他点数羊群,发现足足少了四只。不由得雷霆大怒,正要质问儿子。小班登却道:"今天虽然丢掉了羊,我却学会了许多佛法,这一得一失其实很合算呀。父亲不必着急,我明天就把丢失的羊给您找回来。"一连三天,赤乌班登都这么说。可是二十多只羊只剩下九只了。

"赤乌班登不但放丢了羊,还学会了欺骗父母。"多吉坚赞对儿子的言行十分忧虑,他严肃地告诉儿子,"如果明天再找不到羊,就不许回家。"没想到赤乌班登又满不在乎地答应了。

看到儿子一点也不知道发愁,多吉坚赞心中疑惑,第二天一大早,就偷偷跟在儿子的后面。这天日色明媚,春光喜人,小班登一边嘴里念着刚学的佛经,一边赶着羊群前行。到了岩石山的山坡上,他突然朝四下望了望,停下来吹了一声口哨。

"这小子闹什么名堂?"多吉坚赞正觉莫名其妙,只见小班登蹲下身子席地而坐,将阿妈准备给自己做午饭的糌粑洒在地上全部排开,捏成了小佛像摆起供来。见儿子还敢浪费粮食,多吉正要发怒,却见小班登忽然对着那些佛像高声念起经来,嘹亮清澈的童声响彻在山上,一时之间,山坡山顶,以及附近深密的林子中陆续跑来了十多只羊,循着声音朝赤乌班登聚拢过去。小班登招呼它们围在一起,然后模仿屯益坚赞活佛的模样,给他们讲经、摩顶。羊儿都静静地立在四周,仿佛听得懂他的话。多吉坚赞默数羊群,竟发现它们一只不少!

赤乌班登是个神奇的孩子!回家之后,多吉坚赞私下里对妻子赞叹。加嘎拉姆说道:"看来咱们的孩子的确是得到了神的庇佑啊,多吉,我瞧你也不必太担心他,等他再长大一些,说不定做事会比大人还要好。"

真是海阔凭鱼跃,天高任鸟飞!取得了父母的信任后,小班登更加自由了。他只需要每天将温顺的羊群领到山坡,让他们自行吃草。利用空闲时间,赤乌班登在附近的村村落落留遍了足迹,他造访各地寺庙,聆听佛法,叩问真言。其修为、悟性日益提升,不过两三年,就成了一个腹有真才实学的少年。

博学而傲慢的小喇嘛

> 当时长梦雪满山，犹替苍生谢宇寰。
> 十载含辛育佛子，问道之心更依然。

在赤乌班登九岁那年，加嘎拉姆开始考虑孩子今后的成长道路了。

最近偶尔有路过的牧人同她闲聊时，说起赤乌班登小小年纪，不但放羊有一套，而且常怀慈善之心。他常常将自己的饭分给需要食物的人，比如碰到特别贫穷饥饿的乞丐，他就倾囊相赠。若是遇见同龄的小朋友没有吃饭，他宁可自己饿肚子，也会把饭菜分给他们。人们纷纷说道："加嘎拉姆家的老三小小年纪就聪明能干，又慈悲善良，如果将来出家当喇嘛的话，一定能够造福众生。"

听了人们的称赞，加嘎拉姆开始认真考虑起这件事情。她一直对怀胎时做的长梦念念不忘，莲花生大师在梦中的托付仿佛使命一般，九年多来一直萦绕在她的心底。一个炎热的夜晚，加嘎拉姆对丈夫提及此事。多吉坚赞担心道："现在就去当小喇嘛，怕是早了些吧？况且老三放羊有方，做事妥当，如果将来跟随我学做生意的话，一定前途远大！"

听了这话，加嘎拉姆怏然不乐："你说赤乌班登年纪小，可他现在掌握的佛法，怕是连十五六岁的沙弥都比不上他吧？我也认为赤乌班登是块做生意的好料子，但是咱们家的财富已经足够多了，而乌斯藏还有许多牧民过着食不果腹、饥寒交迫的生活，我听江村说，前年东部发生大旱，青稞歉收，不少人都饿死了。他们那里缺的不是像你这样的富家翁，而是一位能体察民情、普度世人的圣者啊！我不敢说赤乌班登能成为什么了不起的圣者，但在怀胎之时，莲花生大师就托梦于我，让这孩子将来投入佛门，这样的事情我不敢不遵从！"

加嘎拉姆的语调缓慢而清澈，但却字字有威，让多吉暗自惭愧。他正色道："你说得对，咱们准备一下，就送孩子去学法吧！"

听说自己将要去做小喇嘛的事，赤乌班登十分高兴，他迫不急待地跑到日夕相伴的羊群中，将这个好消息告诉了他的这群追随者们："过几天我就要去当喇嘛了，你们要乖乖听阿爸的话，我一定学到如《四皈依经》^①那样高深的佛法，等回来后讲给你们听！"羊群虽然不知道《四皈依经》是如何高深，但当它们听到小班登的许诺后，竟齐声咩咩叫了起来。

不久，赤乌班登就被父母送到了苇瓦以东的强定寺，追随寺中大圣曲琼白娃活佛学法。

做喇嘛的日子十分平淡，既不能漫山遍野放羊奔跑，又不能不经允许就到各处村落寺庙旅行，只能苦守青灯黄卷，日夜不休地苦苦参悟。夏去秋来，金灿灿的叶子偶尔落入庭院，引来几只活泼快乐的鸟雀，而喇嘛们只能静静地拿起扫帚，念一声禅语，默默地合掌回首，看几眼燃落的晚霞。

经年亲卷箧，长日对枯禅。一些喇嘛守不住尘心，或心烦意乱，怀念寺外的生活。或终日浑浑，表面上互相论经说法，侃侃而谈，其实不过是聊以度日而已。但真正让赤乌班登感到烦恼的却不是这些。他最苦恼的是，自己早就对师父令其参悟的经书了然于胸。这样下去，怎么能有进步？在强定寺待了两个月后，赤乌班登终于按捺不住，恳求活佛为他讲授《四皈依经》中的深奥道理。

打量着只有九岁的小弟子，活佛认为他一定如同那些好高骛远的弟子一样浮躁。他十分生气地说："你还是回家去念你的《四皈依经》吧！不过我要劝你一句，回去后还是先把我教你的佛经学好再说吧。"

赤乌班登听了这话，气呼呼地拿起一支笔，"唰唰唰"几下，将活佛平日

---

① 《四皈依经》：经书名，四皈依指的是皈依上师、佛、法、僧。藏传佛教认为，必须经由上师的教诲、引导，才能更好地皈依佛法僧三宝。

传授的佛经默写得地地道道，书法也十分漂亮。他放下笔说："我听说在三宝佛法僧之上，更有一上师，合称'四皈依'。这位上师内有德智，外有圣行，不依上师引导，虽口中念佛，心中亦无佛；不从上师教诲，虽日日念佛，亦无法入佛成佛。我诚心诚意向您求取《四皈依经》的妙悟，您却不肯相告，这可不是活佛应该有的行为啊！"说罢便搁笔而去。

活佛被小班登的一席话说得怔住。等到他走后很久，才发出一声长长的叹息："唉！这孩子虽然傲慢无礼，但他博学聪颖，如果好好引导的话，将来一定会成为一位大法师啊！"只可惜小班登已经行踪杳杳，再也不回来了。

雨夜禅定

> 怨谁向日起嗔心，踏莎奔走满山林。
> 古寺非为解恼处，树前雨下自沉吟。

离开强定寺的夜晚，天上下起了小雨。虽值盛夏，风却格外清凉。

赤乌班登憋着一肚子气在山道奔行，曲穷白娃活佛的话如同蜂刺一样扎进他的脑海。被人误解，尤其是被自己尊敬的师长误解，这样的滋味可不好受。

赤乌班登不愿回家，就一路朝着贡棒寺走去。他要到那里向自己一向敬仰的屯益坚赞活佛问个明白：强定寺的活佛不传自己《四皈依经》，反而出言奚落，到底对不对？

夜幕掩着冰凌凌的雨露，逐渐沾满了衣裳。雨下得越大，人奔得越急。赤乌班登终于到了贡棒寺，一抬头，一驻足，风摆树叶，四下杳然。

寺门紧紧闭着，恍如沉默的雕塑，在躁动的小喇嘛心头笼罩了一层威严。赤乌班登愣了神，他摇着小脑袋犹豫了片刻，心想："活佛应该已经睡下了，我该去打扰他吗？"

小班登在门口徘徊了许久，终于还是没有叩门。

寺内，一个年长的喇嘛走到窗畔，他看上去大约四五十岁，眼神是那样宁静淡泊。透过窗户，他遥遥地看着寺外徘徊的少年，眼睛里隐约有担忧之色。

守夜的小沙弥听到了脚步声，扭头一看，惊道："活佛，您怎么……"

屯益坚赞活佛轻轻摇了摇手，示意他不要说话。两人一起朝窗外看去。只见来访的少年神色不定，仿佛在犹豫着要不要敲门。

"他的灵魂正在被嗔毒折磨。"屯益坚赞微微叹息,"这孩子一定是遇上了什么不平之事,按他那寻根究底的性格,怕是非要来我这里问个明白。"

小沙弥心头一颤,想起师尊平日里所讲的贪嗔痴三毒能残害人心,让人陷入无休无止的生死轮回。他便小声对活佛说:"师尊,赤乌班登从前经常来这里向您学法,他是个好孩子,您快打开寺门,出去点化他吧!"

"寻求解脱之道,岂能尽靠他人?此时我若开门,非但不能解脱,反是为他伏下一层罪业。"屯益坚赞叹了一口气,捻起手中的念珠。无边无际的雨落在树叶上,淅淅沥沥,单调而永恒。

也不知守望了多久,也许是疲惫了,那个灵魂躁动不安的孩子忽然停止了徘徊的脚步,在寺外的一棵果树下静坐下来。

一颗果子被雨打落,跌跌撞撞地滚到了赤乌班登的鞋边。

他不禁微微怔了一下,拾起果子。这颗果子硕大饱满,一定是在树上吸收了充足的养分。但也正因为这些重量,被风雨一吹,它就掉了下来。

"唉,果兄呀果兄,我和你一样,纵然学了满肚子的佛法,现在不也是不容于寺庙,一个人灰溜溜地跑了出来吗?"赤乌班登下意识地缓缓转动着果子,喃喃自语。

奇怪,这里有一个小坑?他隐然摸到果子后侧,一惊之下将它翻了个身。只见果子已经烂了,上面有一个小小的虫孔。但却没有一只果蝇从中爬出来。想必它们在吸食了果子的精华后,已经离去很久了。

赤乌班登一动不动地看着这个虫孔,一道闪电划过天空,在漆黑的天幕下划出耀眼的寒芒。借着这束光,他的余光瞥见了地下积水中自己的倒影,那是一张怎样的面孔啊,头发湿漉漉地垂下,因嗔怒怨恨而积累的戾气堆满了整个五官,没有一点慈悲泰然,陌生得根本不像自己!

赤乌班登忽然睁大眼睛,大悟道:"果兄,难道你是莲花生大师派来点化我的吗!

"我自以为学到了许多佛法,便对更精深的佛法渴求起来。就像是一颗果子,肚中填得满满,却不能防止害虫的侵袭。我以往所学的禅理,究竟理解消化了多少呢?平日里自己一直被众人的称赞环绕着,不免有些飘飘然,忽视了性子中浮躁易怒的缺陷。现在自己一个人跑出强定寺,火急火燎地来找活佛评理。这种行为,不正是被害虫钻了心,中了佛经中所讲的'嗔毒'吗?"

真是可笑啊,赤乌班登!那一瞬,这个小小少年冷汗涔涔,闭目懊悔。大雨里,他一个人湿漉漉地泡在树下的水坑中,禅定般纹丝不动地静坐,直到天边一束微弱的白光将黑夜消融。

这一夜如此漫长,屯益坚赞活佛在寺内守望,他念着六字真言默默祷告,看着那个少年由狂躁渐渐变得宁和,变得慈悲而庄严。

雨停了,晨曦洒在少年的脸上,宁静而温暖。小班登终于从凝住的时光中回过神来。他站起身来,并未去叩寺门,而是转身独自离开了。

然而刚走了几步,寺门突然"吱呀"一声开了。一个小沙弥走了过来,轻声道:"赤乌班登,师尊盼咐,请你换了衣裳再走吧,前面的路还很长。"

第一次生意的得与失

旧尘杳杳，雨露和风儿还没能来得及仔细回味；前路茫茫，归家的少年已然启程。

雨后的云朵是那样洁白，天空纯净得让人伤感，仿佛刚刚将满袖清泪滴洒在郁郁葱葱的树枝上。两只蜻蜓在贡棒寺的屋檐上盘绕，一老一少立在门下，默默遥望着远去的身影。

"师尊，他还会来吗？"小沙弥睁大眼睛问活佛。

"他不会再来，又终将回来。"活佛望向前方，又仿佛在脑海中看到了什么，"终有一天，他将成为一位人人敬仰的尊者，满载善业回到这里。"

小沙弥似信非信地点了点头。

赤乌班登以一种宁静的心态，踏上了返家的路。当太阳悬过中天，多吉坚赞拉开院门，再次见到半个月前被送出家的孩子时，忽地发现他的气质与往日不同了。

他的眼神不再那么闪亮而凌厉，脚步不再那样活泼而轻浮。他纯黑的瞳孔中有了沉着的倒影，仿佛被这尘世印上了某种印记。

在出家的半个月里，他一定经历了什么。

赤乌班登恭敬地叫了一声阿爸，也不解释，就一个人跑回屋中睡倒了。

"不是出家当喇嘛吗，这孩子怎么突然回来了？"看着儿子熟睡的脸庞，多吉坚赞和妻子闲聊。加嘎拉姆却很淡然，她对丈夫道："你就只管放心吧，我看赤乌班登不再那么心浮气躁，无论发生了什么，他一定是长大了。"

"还是你最了解老三。"多吉坚赞点头。

日子一天一天地过去，从强定寺回来后，九岁的小班登还了俗，平日还是帮助父母做力所能及的事，只是不再像以前那样爱笑爱闹，也不再做出一些稀奇古怪的事情。白天放羊的时候，他常常对着羊儿和自己捏的小佛像窃窃私语，夜晚休息的时候，也总是说一些莲花生、大慈悲之类不连贯的梦话。也许连小班登自己都没有觉察到，在岁月的流逝中，往昔他如饥似渴贪婪吸取的佛典法门，已经慢慢沉淀了下来。

　　果实挂在树梢时固然娇俏喜人，但到了收获的季节，落在金灿灿的林海里后，方才显得踏实而富足。

　　数载春秋，一晃而过。赤乌班登长成了一个身材颀长的少年。他浓眉朗目，身姿挺拔，宛如一尊金刚，让人感觉可以依靠。赤乌班登依旧是那么善良热心，闲暇的时候，他常常跑去帮助过路的商客牧民推车赶牛，积累了不错的口碑。看到儿子如此优秀，多吉坚赞心中又燃起了让他做商人的念头。

　　正好家里有一批牛尾和麝香，多吉就让儿子去临近的多卡地区做生意。于是，年仅十四岁的赤乌班登赶着五车货物出发了。

　　多卡是乌斯藏东部的一个部落。这里风景秀丽，在绿树掩映的土地上，散布着古老传统的小村庄。由于气候较为温和，出自西部较寒冷地区的麝香和牦牛尾在这里大受欢迎。这里并不大，几乎每家每户都互相认识，人们大多崇信佛法，清心少欲，过着安静平淡的生活。

　　但是，多卡部落的头人巴桑敦措却是一位出了名的暴君。

　　巴桑敦措是个英勇矫健的汉子，性子却喜怒无常。他制定了许多苛刻的法规，一旦臣民稍有触犯，就定以死罪。当赤乌班登刚刚踏入多卡的土地，走在布满青石的小街上时，一扇门内的哭声让他停住了脚步。

　　一个老头抚着胡须，立在围观的人群之外，独自闷声叹息。

　　"老先生，这户人家出了什么事？"赤乌班登上前问道。他年纪尚小，声音显得十分稚嫩，神色却十分凝重端和。

　　老者叹道："这一家七兄弟犯了王法，要被头人处死。现在哭泣的就是他们的母亲啊！"

　　"犯了什么王法？"赤乌班登急问。

"唉，其实根本不是什么错。今早在郊外，这七兄弟忙着赶路，惊扰了头人的香料马车，那马儿受到惊吓，连着车翻倒在地，将一车香料都毁了。头人震怒，要以冲撞罪处死他们呢。"

赤乌班登心中"咯噔"一下，他想也未想就放下做生意的事，赶紧入殿求见头人。

看着年纪轻轻的商人，头人惊异地问道："你这孩子是谁，来这里做什么？"赤乌班登答道："尊敬的头人，我是从圣地苇瓦来多卡部落做生意的赤乌班登。在路上，我听说有七个人将被处死，请问他们都犯了什么过错？"

"他们惊扰了我的香料马车。"巴桑敦措恨恨地说。

"请问头人，杀了他们七人，您的香料还能回来吗？"

"这个嘛……"巴桑敦措沉吟，"我只不过是要拿他们出气罢了。"

赤乌班登踏前一步，正色道："我听说慈善的君王不会过分追究他臣民的过错，英明的君王不会让活着的人去献祭已经失去的东西，虔诚敬佛的君王不会让血光之灾出现在子民家中。如果您能赦免他们七人，请允许我将满满五车牛尾和麝香献给您。"

"有这样的好事呀！"多卡头人大喜，他想，"这孩子说得对，杀了七个人对我来说没有丝毫好处，反要在心中遭受上天的谴责。如果用他们的生命换来五车香料，岂不是大赚一笔了吗？于情于理，对我来说都很合算。"当下他就答应了赤乌班登的请求，将七个兄弟全部赦免了。

如果天空布满阴云，我愿用我卑微的双手，点亮院落昏黄的烛火；
如果泥沙塞满溪流，我愿用我渺小的力量，挖开一条通畅的小河；
如果你在某处遭难啊，我愿用我多余的一切，换回属于你的珍贵生命。

干练的人，才能教法世人

来自苇瓦的少年用五车财物换取七条性命的事迹，不几日便在乌斯藏流传开来。有人赞他慈悲，有人笑他愚蠢。虽说众口纷纭，但赤乌班登知道，有一个人必定会不开心了，他就是阿爸多吉坚赞。

赤乌班登两手空空地回到家中。一个夜晚，他一个人望着篱笆下的草堆出神。

"你在想什么呢？"耳边忽然传来一个雷霆般的问话，让他猛然一震，从恍惚里回过神来。"是阿爸啊。"赤乌班登不好意思地笑了笑，小心翼翼地问道，"您还在生气吗？"

"光生气有什么用？"多吉没好气地叹了口气，他拍了拍儿子的肩膀，叹道："老三啊，你大哥暴躁性急，二哥体弱。家里数你最聪明健康，阿爸一直盼着你将来能成为家里的顶梁柱，你却……"

"阿爸啊，那是七条活生生的人命啊，再说，咱们家还缺那些钱吗？"

"行行行，讲道理你阿爸讲不过你。老三，这段日子你不在，拉萨那边下了征兵的告示，要每户出一名壮丁。"多吉坚赞担心赤乌班登不愿，小心地措辞，"上面催得急，你大哥二哥都不合适，我看就由你去当兵吧。"

"当兵吗？我可以呀！"赤乌班登咧嘴笑道，"大哥二哥的身体都不如我强壮，我去最合适。"他好像一只不知道发愁的矫健羚羊，一点都不惧怕当兵过苦日子。多吉坚赞发现自己的担心是多余的，不禁舒了口气，当夜就和加嘎拉姆一起帮儿子打点起行装来。

第二天清早，母亲请来了邻居们为赤乌班登饯行。大家都对他叮嘱有加，可是赤乌班登却一直是一副满不在乎的样子："不就是当三年兵吗？大家放心吧。"他应和着笑道："如果没什么事情的话，我就上路啦！"

在赤乌班登十六岁，也就是1377年的时候，明太祖朱元璋刚刚统一中国九年。此时，华夏大地万物复苏，乌斯藏地区也是一片海清河晏。这里的士兵不需要打仗，大多过的是闲时种植垦地，忙时开山造桥的生活。

身在行伍之间的赤乌班登吃苦耐劳，把兵营中的磨砺看成忏悔和灭罪的途径，知难而进，从未抱怨。久而久之，他的声名就在军队中传扬开来，士兵们都以赤乌班登为楷模。

光阴倏忽流过，转眼又是三年。赤乌班登已是一个面目英俊、身姿挺拔的青年，他的身躯如雄鹰般矫健，气质如苍松般干练。服役期满归乡后，多吉坚赞就筹划将家庭的担子逐渐传给这个精明干练的儿子。

但加嘎拉姆表示反对，一直以来，她对怀胎时的梦念念难忘。她说："如果将来让赤乌班登做生意或者操持家务，实在太可惜了。干练的人，应当成为教法世人的圣人，我们应该让他出家入法。"多吉坚赞却还是坚持给赤乌班登成家娶妻，继承家业。听说这些后，赤乌班登十分着急，他对父亲说："我持不了家，从前您让我做生意，我将五车货物赔得血本无归，您还是让两个哥哥承担家业吧，我想出家入法门。"

那天晚上，赤乌班登梦到了观音菩萨，他随着一道灵光出现在赤乌班登眼前，微笑说道：

> 所有世间凡人，
> 难逃尘世苦难。
> 一切皆如梦幻，
> 唯有佛途最真。
> 你既早已许诺，
> 普度众生为愿。
> 如今已经成年，
> 还不快入法门。

第二天，赤乌班登将这个梦说给父亲听，多吉坚赞不敢违抗观音菩萨的旨意，终于答应把赤乌班登送到桑顶寺，拜尼玛桑嘎活佛为师。

第三章　佛与红尘，我在中央

剃度仪式决定修行一世

与佛教始祖乔达摩·悉达多踏上求道之路的契机截然不同，赤乌班登无须因厌烦生活的禁锢而决意出走。这位同长于富庶之家的青年，在正式跨入佛门之际，似乎一切因缘都已准备就绪。

或许无数至大的反叛，先人们都已亲身试验、挺立挣扎、毅然持守过，如此才换来两千年后的秩序井然，律条简明：个人志愿、家庭同意、身体健康、品德端正——他一一俱应，俨然极像一位复命使者，心清意净、风姿朗朗地前来赴佛门之约。

这一年，赤乌班登十九岁。如俗世的青年完成成人礼一般，他的仪式是在桑顶寺举行的。这一盘踞在浪卡子县城北端的庙宇，大抵是颇有性格的：浪卡子本就为山南地区海拔最高的县，而桑顶寺更是在其中一座险要陡峭的山顶上，远远望去，它并非金碧辉煌，却不失端庄古朴，非高阶青石，却蕴藏神秘。或许这就是一种不惊动的美，坚定而不骄傲，低调而不偏颇，仿佛是大昭寺的缩影。

一切都是从那个必要的剃度仪式开始的。

拜过恩师，读罢发愿文，赤乌班登听到剃度师庄严宣读法语：

> 金刀剃下娘生发，除去尘劳不净身。
> 圆顶方袍僧相显，法王座下又添孙。

在为赤乌班登剃度时，天空飘着花瓣，散发着天然香味，随着头发纷纷落下。众位喇嘛虔诚念经，为他祷告祝福。剃度完成后，有小沙弥献上一袭崭新的袈裟。赤乌班登将其披在身上，合掌向尼玛桑嘎活佛施礼。最后，活佛肃穆地为这位新晋的门徒加持灌顶，赐名为"尊珠桑格"。受三皈五戒后，尊珠桑格再次敬谢恩师，领首、俯身、叩头，每一刹那皆饱含谦恭，姿势虔诚，心力尽全。

至此，神祇的恩泽贯通天地，人间的眷眄轻薄如翼，三千烦恼丝不再，便只由得一心一意去修行。

在尊珠桑格身上，幼时那个骄傲浮躁的少年的影子已经淡了。他的早慧与聪明，在一日日的修心中，沉淀成了专注与宁和。听尼玛桑嘎活佛讲解玄奘译本《不空罥索神咒心经》[1]等大乘教义及修习法，向洛珠多吉活佛求教《阿毗达摩集论》[2]和《量释论》[3]，从唯识[4]到因明[5]，由本质到逻辑，他都孜孜不倦地领会并纳入身心。

"你听得懂吗？"

"我听得懂。"

---

[1]《不空罥索神咒心经》：这是密教的一部经典，主要讲述的是佛在布呾洛迦山观自在宫殿时，观自在菩萨对佛讲述他于过去九十一劫中，蒙授不空罥索大神咒心，以此咒力获得种种功德的故事。该经将智慧深奥的观修、供养法娓娓道来，为后世称道。

[2]《阿毗达摩集论》：该书是无著所撰简略汇集《阿毗达摩经》中的两部论书之一，全文约一千五百颂，分为五集。是大乘瑜伽学系立说的重要典据。

[3]《量释论》：本论为印度因明学史上的重要著作，佛教因明学大师法称著。本论是对陈那《集量论》所做的注释，是因明学集大成之作。

[4] 唯识：教义命题，谓世间万有皆是内心所变现，世间与出世间一切法，皆不能离识而独立存在。

[5] 因明：古代印度关于推理、论证的逻辑学说。因，指推理的根据、理由、原因。明，指显明、知识、学问。

每每活佛关切地证问他时，他总以沉静的语气做出答复。看着弟子的精进，活佛十分欣慰。尊珠桑格的学法之心虔诚如斯，他废寝忘食，绵绵不休地吸取经义，并且快乐而自在，从未觉得苦累。

他会一再庆幸自己寻到心之所往的生命方式，他会一再狂喜自己得以在有情世间修持发力。于是，一部部经书就这样研读下去，从简显到繁复，由小乘到大乘。

后来，尊珠桑格来到了萨迦寺。在这座珍藏着极其丰富的书籍和文物、有"第二敦煌"之称的寺庙中，他学通《中论》[①]《现观庄严论》[②]《律经论》[③]和《俱舍论》[④]四部佛书，经过辩论考试后，取得了四书格西[⑤]学位。

一个勤奋精修的弟子成长起来了，他禀赋绝伦，悟性极佳，更善于潜心学习，笃定了一生要在佛法事业上坚执下去的信念。依佛教律法，沙弥的年龄一般在七岁到二十岁之间，当受沙弥戒；年满二十岁了，再次受戒叫比丘戒，戒条共二百五十条，成为正式僧人的条件也因而算是备足了，所以又叫具足戒，从此就取得了正式僧人的资格；受比丘戒满五年后，方可离开依止师，自己单独修道。尊珠桑格即完全照着此番蓝图，孜孜不倦地推进着他的求法生涯。

没有太早或太晚，一切都刚刚好。

[①]《中论》：本论是公元二三世纪时印度论师龙树的代表作，是大乘佛教的义理基石。该论上承般若经，下启中观派，主要阐述"万物皆空"的理念。

[②]《现观庄严论》：本论是阐释所有《般若经》的密意要旨，在阐释时会将《般若经》中的每段话均分作八大段解释，可以说是《般若经》的总科目。

[③]《律经论》：本论是对《大藏经》的阐释。律是戒律本，经是佛所说之经契，论是菩萨依经阐发自己观点而造的论。三者相合，即包含了《大藏经》的要义。

[④]《俱舍论》：本论是印度佛说一切有部的论点，是对该部教义概括地加以归纳而成的论述。它讲述了一切万法之总相、别相、性质、类别，详细阐明流转与还灭的因果法则。

[⑤] 格西：藏语"格威西联"的省音，意为"善知识"。这里是指藏传佛教格鲁派寺院的学位。

疯子其实是最清醒的人

> 疯子不劳外人询，修佛向法意最真。
> 狂语为花气为影，举世皆醉我独吟。

又是一个明朗的早晨，尊珠桑格起床洗漱后走到庭院中，他盘腿而坐，五心向天，开始了新一天的冥想。

萨迦寺的学友们也起得很早，有一群人似乎很熟，互相打了照面，就聚拢在一处，开始海阔天空地论起佛法来。

听到那些激昂的声音，尊珠桑格苦笑着摇了摇头——他们这些人，习惯把自己所学的教言用华丽的辞藻天花乱坠地逐字逐句解释，来表现自己很有学问。可是嘴上说得再漂亮，心中却不一定领会呀！如果不能克服这种华而不实的心理，别说达到八风不动、八法一味①的境界，就连最普通的禅定都做不到，这些愚蠢的人啊。

"唉！"他低低叹息了一声，不想竟引起了那群人的注意。

"呦，这不是新晋的四书格西吗，他怎么坐在这里，居然还会冥想呢！"忽然听到耳边一阵哄笑，那群人从院子另一侧走了过来，见到尊珠桑格庄严的法身，也不胆怯，"喂，你刚才在叹什么气，难道我们说的佛法不对吗？"

尊珠桑格抬起头，淡淡地看着这群人。他们有的穿着僧衣，自是寺中的僧侣；有的穿着普通百姓的灰布袍子，乃是俗家弟子。

---

① 八风不动、八法一味：指对世间所爱所憎同等相持，不为所惑。八风，指利、衰、毁、誉、称、讥、苦、乐，这四顺四逆能煽动人心，故以风为喻，也称八法。

佛法全在一个"悟"字，对于那些执迷不悟的人来说，哪怕是想让他们仔细听取自己的意见都很难，何况是通过辩论点化他们呢？尊珠桑格心中叹息着，他微微合掌行礼，就要转身离去。

"站住！"这群人却不愿放过他，一个俗家弟子伸手来扳他的肩，"如果今日不跟我们说清楚，就别想离去！"

当手指戳到肩头时，尊珠桑格豁然转身，看了对方一眼。那眼神中有着说不出的威严，让对方猛地一惊！

尊珠桑格仰起头，气宇冷然："动辄嗔怒，强迫他人，非论法者所为，我与你们还有什么可说呢？"

"尊珠桑格，你是咱们萨迦寺最年轻的四书格西，倒不知是否有真才实学？"说话的是一位中年僧人，他也嫌同伴太过莽撞，便上前施礼道，"咱们只论佛法，不动嗔怒，你看如何？"

"好吧。"尊珠桑格轻轻点头。

"《萨班教言》上说，尽管此时无回音，不会见经传，但正见能用正确方法思考的话，看准选当之后一定能够解脱。如果要从金刚般的心中，彻底铲除烦恼之源，那是不可能的；如果过去从未有过的知识，自己重新去创造，那也是办不到的；能把自己的思想用明空双运武装起来的胜乐王是不存在的，就是知三时的圣者也无法指出来。"他自负聪明，想一下子考住年轻的尊珠桑格，便故意引用精深的《萨班教言》，叽里咕噜地说了这许多，最后问道："请问尊珠格西，这段话该如何理解？"

刚听到这段话时，尊珠桑格也感到莫名其妙，特别是对"明空双运"一词大感不解。他没有答话，而是闭上眼睛，凝神思索着。

"呦，原来是个草包啊，现在这年头，谁都敢说自己是格西！"先前那拦住尊珠的俗家弟子笑起来。正当他想继续奚落的时候，尊珠桑格闭着的眼睛忽然睁开，他面色豁然，如有顿悟，大声唱道：

十方诸佛入菩提，

可叹世人苦沉迷。

> 烦恼固然难彻除，
> 不存亦存离非离。
> 灵台清澈即为镜，
> 心无妄念便是空。
> 外力不能修善果，
> 止华弃躁狂心歇。
> 修行先要明自我，
> 如此人人皆尊者。

唱罢，尊珠桑格转身离去，把这群人晾在当场发愣。寺内有许多僧俗们都听到了他的声音，不禁纷纷议论起来。有的喇嘛说："苇瓦来的这个小喇嘛看起来很聪明，却这样没礼貌。"有的喇嘛说："他学法时看起来聪明虚心，其实都是假装给人看的。"更有人讥笑他是"比大象还笨的小喇嘛"，还给他起了个绰号叫"疯子尊珠"。

"为什么走掉？"暗角里，萨迦寺的活佛微笑问道，"这群弟子狂妄无礼，你不愿与他们分个高低吗？"

"那都是没有意义的事情。"尊珠淡淡回答，"佛法由心，无须辩驳。"

为修善果，先积善因

尊珠桑格的卓尔不群，在诸人眼中反倒成了狂妄的表现，他很快就被僧众们孤立起来。

虽然尊珠并不在乎别人对自己的看法，但喇嘛们对其冷嘲热讽甚至侮辱人格的行为，还是深深困扰了他。在萨迦寺长达三年的修行中，尊珠已经把所学的教言全部领会了，他想：我既已经学成，待在这里只不过是日日受到那些肤浅家伙的嘲弄，不如回家吧。

想罢，他就来向活佛辞行了。

高高的殿宇上寂无人声。像是早知道他的来意一般，活佛没有惊讶，只是轻轻点了点头。他坐在蒲团上，一动不动地看着这个年轻的弟子。尊珠桑格的眼神是那样清浅明亮，不染一丝尘埃。

"尊珠啊，你走之后，要谨记佛家大道：为修善果，先积善因。"

在萨迦寺喇嘛的冷眼中，尊珠桑格背着包袱毅然离去。古旧的寺门缓缓闭合，像是封住了一个青年那段莘莘求学的光阴，无关乎记忆，也无关乎留恋。尊珠桑格大踏步地行走，推动命运车轮滚滚向前。

为修善果，先积善因。

一路上，他回味着活佛给自己的话。究竟这善因如何积累，又去何处寻觅？脚下渺无人烟的原野清寂而空旷，天色晦暗，道路不能看清。尊珠忽然想起少年时候贡棒寺的小沙弥对自己说过的话。

"赤乌班登，师尊盼咐，请你换了衣裳再走吧，前面的路还很长。"

是的，这一生的路，实在太长太长。

至今，他依然保存着屯益坚赞活佛赠给自己的僧衣。

"前面的大师，能帮帮我吗？"一个妇女的声音打断了尊珠桑格的思绪，他扭头一看，只见一个影子蹒跚着朝自己走来。尊珠答应了一声，赶忙走上前去。及近，才看清那是一位负着一筐大石的女人。

她喘着粗气，颤颤巍巍地前行，晚秋的凉天也不能阻挡滴滴落下的汗水。这筐石头对于一个女人来说实在太沉重了。

尊珠赶忙上前帮手，他接过筐子背在身上，脚步顿时沉重起来。

"太谢谢您了！我叫扎西卓玛。"女人笑着道谢。

尊珠微笑着点了点头，也不多问，跟随着女人一路向前。大约走了两个时辰，他们停在道旁的一株冷杉树下。

这些冷杉树不知道有多少年了，也不知道是谁种下的，在经历了数不清的风霜雪雨后活了下来，活成了一道风景。其中最粗的几棵，树干被涂成了红色，是那种寺庙里特有的红色。相传那是喇嘛涂的，他们认为这些树是神树，涂以红色表示吉祥。

"歇息一会儿吧。"扎西卓玛替尊珠桑格卸下筐子，顺带递给他一块手帕。

"这样晚了，您一个人背着这么重的石头，可不方便啊。"尊珠桑格边擦汗边说。

"嗨，多亏您帮忙了。"扎西卓玛咧着嘴，不好意思地笑了笑，她的眼神中透着兴奋和光芒，仿佛正在做一件非同小可的事情，这事情能带给她无边的快乐。

扎西卓玛不紧不慢地对尊珠讲起了事情的缘由。

原来，在离日喀则不远的谢通门县，有一位索朗扎西活佛要建造一座佛塔，以供奉莲花生、观音佛、弥勒佛等大圣，为牧民们祈福。远近的乡亲听说这般善业，纷纷出钱出力。扎西卓玛这位普通百姓，虽然没什么钱财，却也和丈夫赶来相助。包括他们在内的很多人在附近矿山上，不分昼夜地开采矿石，再不辞辛劳运到佛塔的修建地。

"为修善果，先积善因。"萨迦寺活佛的话再次在灵台中出现，一瞬间，尊珠桑格豁然有悟。

这就是最简单、最朴实的善业啊！

"太辛苦你们了，大家肯齐心合力，同修善业，实是最好。"尊珠桑格敬道。

扎西卓玛微笑起来，她捧着随身的水袋，看着朗月，道："大师你看，近年来常常闹旱灾，有多少人在饥寒交迫中死去，无法看到今夜的月光，而我们却还能在这里坐着，聊聊天，喝口水。我一点也不觉得辛苦，反而很幸福。"

他看着她朴实的笑容和微微斑白的头发，不由得一瞬恍惚。

尊珠桑格决定回家以后募集资财，帮助大家修建佛塔。

行善先要自立

多吉坚赞看到儿子学成归来，满心欣慰。这三年他忙着经营家业，着实苍老了不少。老大老二资质平平，办理事务亦不十分如意。多吉时常想念被送入佛门的老三，他希望有一天儿子能够回来，接起这个家的重担。

没想到尊珠桑格回来的第一件事，就是向父亲开口要钱。

多吉坚赞老了，不像以往那样暴躁易怒，但他内心却十分失落。见父亲沉默不语，尊珠桑格知道他不肯，继续劝道："阿爸啊，您怎么就不明白呢，为了避免我们转世成为恶鬼，为了积累善果，我们应当将家里多余的财物拿出来，资助修建佛塔的工程。"

多吉坚赞叹了口气，似乎欲言又止。正当尊珠桑格想要再劝时，没想到父亲竟然点头答应了。

第二天，尊珠桑格挂念着捐助建佛塔的事，天还没大亮就急匆匆地走出屋子，谁料父亲已经等在院子门口。他指着身边的三辆牛车，对儿子道："这里面有一袋金币和二百克①青稞，你拿去吧。"尊珠桑格收了财物，高高兴兴地走了。

赤乌班登啊，你已经长大了，家里的钱可以供你随意取用。但你可曾想过，如果哪一天父亲不在了，家里没有钱财了，你又上哪里去筹款呢？

佛塔落成的那天，活佛特意握着尊珠桑格的手，诚挚地致谢。

认为自己做了一件大善事的尊珠高兴了好一阵子，但回到家中的他却发现

---

① 克：西藏的一种传统容量单位，1克青稞约合28市斤。

父亲对自己的态度跟从前截然不同了。不但没有什么好言语，甚至连一眼都不看他。多吉坚赞还逢人便说："前些日子尊珠桑格拿走家里的好多金币和青稞送人，我恨死他了，当初就不该生这小子。"

尊珠桑格心中很是郁闷，但这次母亲加嘎拉姆也没有为他说话，反而说："你阿爸说得对，行善固然好，但如果总是依靠家里的庇荫来行善，终究不是长久之计。"郁闷之下，尊珠桑格又一个人离家出走了。

凉秋之后便是寒冷的冬天，雅鲁藏布江上结了冰，家家户户的柴火烧得比彤云还要红。尊珠桑格一个人四处跋涉，想为饥寒交迫的贫民做些事情。他时而上山砍柴，时而向人们传授精深的佛法，替百姓加持祈福。走到拉萨后，尊珠桑格将自己一路上看到的苦难讲给大家听，富有的人受到他的加持，满怀敬意地献上了自己的财富，就连普通的百姓也慷慨解囊。尊珠就用这些钱置办了过日子必需的粮食、柴火、种子和牲畜，来回奔走在拉萨与日喀则之间。

冬去春来，雅鲁藏布江的江水滔滔无尽。一年之后，饱经风霜的尊珠桑格终于回到了家乡苇瓦。

刚踏入村子，一位大叔正迎面走来。他打着口哨，见了尊珠桑格，惊喜地大呼道："赤乌班登，你总算回来啦！"

"江村叔叔！"眼见当年风华正茂的汉子如今也已胡须斑白，尊珠桑格不由眼中一潮，他拉住对方的手，问道："这一年您还好吗，我的家人还好吗？"

"哈哈，都好，都好！你阿妈还是那么慈祥和蔼，你阿爸的身子骨也好着呢。"江村笑呵呵地回答，"我老了些，走不动那么远的路了，现在就在村中放羊啦。听你父亲派到拉萨做生意的伙计说，你小子可是闯出了一番名声呢！他也常常对我夸赞你，说你越来越有出息了！"

"夸赞我？"尊珠桑格挠了挠头，不知道说什么才好。这一年来他时常想起父亲责骂自己的话，心头总是很不自在。如今乍听此语，却怎么也不知道该开口说句什么。终于，他不好意思地笑了笑："阿爸他不恨我啦？"

"当年的事我听说了！"江村笑着给了他一拳，"你小子真不懂事，你以为家里的财富都是无穷无尽的，可以永远拿来周济别人？多吉他辛苦了一辈子，知道这财富来之不易。他对你态度冷淡，就是想逼你不靠家业，不求亲人，自力更生，用自己的能耐做一番事业啊！"

"阿爸真是用心良苦！"尊珠桑格恍然大悟，仔细想来，这一年的经历不正是如此吗？他第一次将学到的佛法应用在俗世生活中，并且取得了不小的成功。如果不是父亲的"逼迫"，哪会有他尊珠桑格的今天！

"快去看望一下两位老人家吧。"江村拍了拍他的肩，"你阿妈可是天天念叨着你呢。"

神通俱现

一年虽短，尊珠桑格还是依稀看出了父母增添的皱纹与华发。他的归来无疑让两位老人分外喜悦，不仅因为久别重逢，而且他们明显感到尊珠桑格更加成熟了。

尊珠桑格想到自己曾经固执任性地向家人索要钱财，而今父母年迈，他应当主动挑起家庭的担子，于是重新做起生意来。

有一次，他挑选了两头毛驴，准备到河对岸的芒普①做生意。这两头驴子一头叫"谬里"，一头叫"起里"。它们在尊珠桑格小时候放羊期间就追随了他，因此同他十分亲近。这些年，它们长得膘肥体壮，成为主人的得力助手。

尊珠桑格在渡口瞧见一位摆渡的船夫，便请求他道："请把我和毛驴都渡过河去吧。"船夫很为难，心想：这么小的牛皮船，哪能载得了两头驮着货物的大驴呢？他答道："货物太沉了，如果你有办法把两头驴都装上船，我就带你过去。"尊珠桑格二话没说，一臂携起一头驴，一跃就跳到了牛皮船上。牛皮船吃了不少水，开始剧烈地左右晃动。船夫大惊道："你这个大力士，把事情搞砸啦！船就要翻了，赶紧让驴子回去。"谁料尊珠桑格举起手，做出德卒②手势，指向对岸。只听嗖的一声，船就如风般驶向对面了。

船夫目瞪口呆，以为遇到了天降的神明。他对尊珠桑格顶礼膜拜，并且诚

---

① 芒普：今日喀则市拉孜县境内的一个乡。位于西藏西南部、日喀则地区中部、念青唐古拉山最西部。

② 德卒：握紧拳头，伸直食指或小指。佛教徒认为这一手势可以克敌制胜。

心诚意地劝告说，前面是一片大森林，现在天快黑了，容易迷路，不如到自己家去休息一晚，明天再赶路。

尊珠桑格却满不在乎地说："谢谢您，不过时间紧迫，我还是连夜赶路吧。"

下船后，尊珠带着驴子走进了一片莽莽的森林，空气里飘散着清新的气息。他深吸一口气，踏着落叶缓缓前行，偌大的林子里竟只有他和驴子。苔藓覆盖了泥土，残断的枝干横陈于丛林。隐隐绰绰中，缕缕松萝在枯枝上飘荡摇曳，凌乱了视线。

天完全黑了下去，天上笼起了浓云，星月无光，四地一片漆黑。眼看无路可去，尊珠桑格索性勒住驴子，坐倒在地。他拿出随身的糌粑摆在地上，高声唱起佛号来。神奇的事情发生了，在雾气朦胧的森林中，忽然隐隐有光影闪动。尊珠桑格看到一群人朝他走来，他们之中有尼泊尔人、门巴人、珞巴人和工布人，还有一些是游吟的僧人。双方一见如故，互相行礼，他们都说要帮助尊珠桑格。得到他们的指引，尊珠桑格很快就走出了森林。

辞别之际，他们恭敬地对尊珠桑格说："一年多来，您的善名已经在乌斯藏传扬开了，我们受上天的指引来帮助您，请您将来一定要普度乌斯藏的众生。"

真不知道这是天赐的神迹，还是尊珠桑格身体力行、自然修成的善果？此刻的尊珠桑格并不在意这些，这位高僧辛勤修炼，执着前行，不断经历并感受着凡俗世界中的一呼一吸，一草一木。

也许，很快就是拨云见日的时候了。

在尊珠桑格二十六岁那年，他听从了父亲的建议，准备远涉山川，跟随仁钦顶的商人一道前往位于乌斯藏西部、毗邻印度的阿里地区经商。

第四章　最后一程商旅事

与商人同行

飓风卷起乱雪，纷纷扬扬地洒了半日，掩住了方当正午的日头。

从仁钦顶出发才走了一天，尊珠桑格一行人就遇到这场下了整整十三昼夜的罕见大雪。

头顶上的天空依旧是湛蓝的，苍鹰盘旋着。从半空俯视下去，一群如蚁的黑点在几乎被掩盖的道路中艰难前行。沿途陆续有牲畜倒下，消失了最后的体温，永远地被冰雪埋葬。

就算苍鹰目力再好，此刻也不敢飞下去啄食。之前，它们尝试了许多次，但商队中那个怒目金刚般的年轻人只要厉声一喝，它们就破了胆似的，仿佛见到了法力无边的大圣，立刻扑棱棱飞回天空。

但是即便吃掉了倒毙的牲畜，商人们随身携带的食物也越来越少了。

雪暴一起，四周便是一片苍茫，连东西南北都无法分辨。被困住的商人们只好停住脚步，牵着牲口围成一个圈，共同抵御寒风。高原的空气原本就十分稀薄，大风呼啸时更如窒息般难受。人们瑟瑟发抖，谁都不愿多说一句话。

筋疲力尽的商人们还没来得及休息片刻，一阵大风就席地卷来。一个瘦弱单薄的汉子没抱紧牲口，"啊"的一声惊呼，眼看就要被吞到风暴中去！

旁边那个年轻人看见了，猛地伸臂，牢牢拉住了他的左手。

"大家小心！抱紧牲口，围成圈子不要慌，坚持住，雪暴很快就会过去！"一个四十余岁的大叔吞着刺骨的凉风竭力大喊。人们睁大眼睛，除了乱舞的雪花，什么也看不见。"别东张西望，小心被风……"大叔的喊声到了一半，突然摔倒在地。原来是一块拳头大的滚石从山坡落下，砸在了他的脚上。

"江村叔叔！"年轻人大喊。眼看大叔已经裹着雪越滚越远，他神威一凛，健步如飞，只一瞬间就赶到了大叔的身侧，"江村叔叔，抓紧我的手！"

如同溺水的人一般，大叔下意识地抓住那根救命稻草。感受到巨大的冲击力，年轻人身形一晃，险被带倒。他"吓"的一声怒叱，扎定马步，任大风呼啸，暴雪狂飙，竟然难动他分毫！

他站在风雪中一动不动，感受着指尖传来的温度——幸好还是温暖的，虽然极度虚弱，可是江村叔叔还活着。

许久，这一阵雪暴终于姗姗离去。漫天雪花渐渐沉淀在脚下，还回一片湛蓝的天空。

两人回到商队时，再检点人数，已经有一个人、两只毛驴和三头牦牛无影无踪了。

劫后余生的人们再也不愿前进，夜幕来临，大家围拢在一起，从包袱中拿出一路捡来的枯枝，用火石点着烤火。

"真是倒霉，我走了这么多次阿里，从未遇到这么大的雪！"格桑平措不住抱怨着。他是仁钦顶一带除了多吉坚赞家之外最大的富户，这次带了四五个伙计和十多头牦牛，一心想做一趟大生意。

那个年轻人忽然朝他看来，月色下，他的眸子如此清冷。格桑平措心头一震，似乎想起了什么。奇怪！路上这小子一直劝我们把财物抛下一部分，还说什么"大伙走到这里靠的是上天的庇护，应该将一部分财物送给附近的人家，换一些酥油点灯敬佛"。当时商人们谁愿意白白浪费财产呀！谁都不把他的话放在心上，没想到现在……

格桑平措一拍脑门，叫道："尊珠桑格，莫非这一切都是你搞的鬼？"

"怎么说？"年轻人抬眼，冷冷问道。

"你小子该不是仗着有点神通，埋怨大伙不听你的话换酥油，故意降下一场大雪吧？"格桑平措越想越觉得有道理，在拉萨时便听人说起"疯子尊珠"

的奇闻轶事，刚才他冲到暴雪中却毫发无损，定是真有什么神通！

旁边有几个商人正心痛损失的货物，听了这话便随声附和。年轻人心想：真是一群不懂报应、不知轮回的蠢人啊，竟然把我的好言当恶语，实在可悲。

"不是这样，不是这样，大伙别急。"老江村听了赶紧解释道，"就算尊珠桑格有这般神通，也不至于连自己家的牲口货物也让暴雪吹跑吧？大家不要相互埋怨，出门在外，咱们都是一家人，理当相互照顾，这次损失虽然不小，但如能将剩下的货物运到阿里变卖，仍然有一笔可观的收入呢。"

格桑平措暗暗"呸"了一声，也许是内心也惧怕多吉坚赞家这个怒目金刚般的儿子，他便不再多说，只是挪动了一下肥胖的手掌，更加靠近红彤彤的火堆了。

"虽然今夜雪停了，但恐怕明天还会有暴雪。"一个汉子神色沮丧，叹息道，"还不知道我们这些人，能不能活着走出去呢！"

"现在咱们遭苦受难，全是因为得罪了神灵。"年轻人转过脸，严肃地对大家说，"如果大家信得过我，便每人拿出五个金币、两块糌粑，咱们快快将这些当作供品，一起念经，祈祷观音佛的保佑。"

经历了十三昼夜的暴雪，商人们再不敢把这话当玩笑。就连格桑平措也不情愿地解开行囊。无边无际的雪原上，一时间回荡着虔诚的佛号。

伟大圣洁观音佛，

拯救众生求解脱。

请您大大发慈悲，

平息大雪和风暴。

不敬佛陀是过错，

幡然悔悟能改过。

伟大圣洁观音佛，

保佑我等好生活。

破财的家伙

尊珠桑格一行人在大雪暴中又走了二日,天气才逐渐晴好起来。若不是翻过了这最后一座雪山,商人们几乎以为,自己已经走到了天地的尽头。

薄云笼罩着清晨,连带着太阳的暖意,散发出柔和的光芒,浅浅送到了众人心头。一路上尽管吃尽了风雪,磨破了肌肤,仁钦顶的商人却紧紧团结在一起,谁也没有再皱眉。此刻,俯视山下泛着苍翠的平原,大家相顾大笑起来,像孩子一般快乐。

"就要到基冲啦!"人群发出呼声,更催着牲口向前赶路。基冲是阿里地区的一座小镇,一个著名的贸易中心。

尊珠桑格也十分高兴,他一边赶着驴子,一边对江村说着因果善恶的感悟。时光在这位老商人的额头上刻下了不可逆转的皱纹,经历了这场雪暴,江村越发显得苍老了。看到年轻有为的尊珠桑格,他心头涌出一阵欣慰:眼看尊珠如此优秀,他也终于可以放下担子,好好休息了。

"这次可不容易,一定要将货物卖个好价钱!"人群中,格桑平措满脸喜色,仿佛已看到自己满载着金币回到家乡的景象。自打下山以来,他一直兴奋地和同伴高谈阔论:"等这次回去,我要再雇几个人,等来年再回来做一番大生意!"

"唉,真是执迷不悟。"遥遥听见他的话,尊珠桑格暗暗摇头,他自语道,"财富够用就好了,如果一味索取而不知行善,只顾着提高自己的地位,到头来必将自食恶果啊。"

"尊珠,你在说什么?"

"没什么。"见江村问自己，尊珠桑格哈哈一笑，转过话头，"江村叔叔，到了基冲，我要做一件对大家都有好处，让大家都开心的事！"

"哦？"江村来了兴趣，"江村叔叔看到你成长起来，就很开心了。不过对于这些商人呀……"他淡淡一笑，"最让他们开心的事情，怕是只有金币吧？"

"走，我们去了就知道！"

到达基冲后，才一进城，尊珠桑格就和大家岔开路，牵着两头驴子一个人溜走了。

一连四天都不见尊珠的影子，江村也不着急，毕竟他已经习以为常了。而已经将货物卖得差不多的商人们却议论纷纷：尊珠该不会找到了什么秘诀，一个人背着大家偷偷去发财了吧？

"呦，那不是尊珠吗？"真是说到就到，当大家议论的时候，尊珠桑格牵着他的两头驴子在集市一端出现了。只见他兴高采烈地朝大伙走来。格桑平措眼尖，第一个瞅见驴子背上空空如也，什么货物都没有了。他大声打了个招呼："喂，尊珠，你将那些货卖了多少金币？"

"一个金币都没有！"尊珠高兴地回答，他不顾大家诧异的神色，说道，"大伙随我来，我带你们去一个好去处！"

一行人怀着满腹疑问，跟随尊珠桑格离开集市，来到当地最大的寺庙西吉寺。和活佛互相问候后，尊珠便径直走向供奉着释迦牟尼像的大殿上，毕恭毕敬地磕头。大伙正在好奇，只见从释迦牟尼右手五指中散发出白、黄、红、绿四色光芒，宛如一环小小的光圈，萦绕在尊珠桑格的头顶。随即，大殿中不知何处传来梵唱声：

唵嘛呢叭咪吽，
马头明王[①]圣丹珍佛，
唵嘛呢叭咪吽，

[①] 马头明王：藏传佛教密宗修部八教中的一位本尊神。

> 解脱众生的王子啊，
> 唵嘛呢叭咪吽，
> 四个大业光辉四射，
> 唵嘛呢叭咪吽，
> 为六道①众生讲咒经。
> 唵嘛呢叭咪吽，
> 长寿的圣者尊珠桑格，
> 唵嘛呢叭咪吽，
> 为你的同伴指引迷途。

究竟是谁在梵唱？众人皆是一愣，潜心听去，这歌唱仿佛是来自灵魂深处的天籁之音，难道……是眼前这尊释迦牟尼像显灵了？

陡然明白了其中的含义，格桑平措喃喃自语着："这个疯子尊珠……真是不可思议啊。"

只见尊珠桑格虔诚地祷告了片刻，又围绕着释迦牟尼像转了经。他忽地转身，对众人说道："现在请诸位也将这些天做生意赚的钱拿出一部分，赠给寺庙吧。"

"什么……要我们花钱？"格桑平措面色一沉，踏前一步道，"尊珠桑格，就算你有些神通，我们凭什么让自己辛辛苦苦挣的钱听你的安排？"

"唉，真是愚蠢的人啊！"尊珠桑格双眼望天，发出长长的叹息，"你们获得的财富太多了，却不知道施舍。为了替你们消除罪孽，祈求福音，这些天我将货物卖了换成酥油，在这座大殿点亮了一百零八盏供灯，念经念了整整四天四夜。如果你们不愿意捐赠，也请至少跟随我一起念一会儿经吧！"

"什么，你把货物都换了酥油？真是个疯子！"格桑平措一阵心痛，好像损失的钱财是自己的一样。同伴们也觉得尊珠的行为不可思议，但出于感激和

---

① 六道：佛教把众生世界分为天、人、阿修罗、地狱、恶鬼、畜生六类，因各人所积善恶不同，在六道中升沉轮回。

对佛的敬意，就随尊珠一起恭恭敬敬地拜了释迦牟尼。随后大家问尊珠桑格："你同我们去集市看看吗？"

尊珠桑格微微一笑，似乎透着些无奈："你们呀，怎么不知道觉悟呢？已经做了四天生意，难道就不能休息片刻，做些善事吗？你们往往因为一克粮食的得失而睡不好觉；为了几个金币，让自己灵台的净土都受到了污染！这次来基冲，我也是做成了买卖的，虽然金币要数你们的多，但收获却是我最大。我失去的不过是梦幻般虚无的财富，得到的却是向往已久的宝贝，现在我虽然两手空空，其实比你们任何人都要富有啊！"

自打从仁钦顶出发以来，一路上尊珠桑格对同伴们循循善诱，百般开导。可是此时商人们仍然将信将疑，不知觉悟，尤其是格桑平措。他用三分疑惑、三分耻笑、三分鄙夷的眼光看着尊珠桑格，说道："亲爱的尊珠啊，你能替我们祈福，我们很是感激。但你说的全是些不着边际的话啊！我只知道，能喂饱自己肚子的只有财富，可不是你说的那些。既然你喜欢那些东西，我们就不勉强你了。"说罢，他招呼还在迟疑的同伴离开寺庙，又朝集市去了。

就这样，众人又在基冲待了七天，将带来的青稞、牛尾、麝香、羊皮换成了金币和贵重的银器。大家心满意足地来到寺庙，寻找尊珠桑格。寺里的喇嘛却告诉他们，那位圣者已经在一天前离开寺庙，去镇外等待他们了。他还托喇嘛们留言说："如果你们现在还不想捐赠行善的话，请至少在镇上多待半天，我会在镇外等你们。如果你们遇到空着肚子的乞丐，不要让他们失望而去；遇到没人照看的野狗，也给它们喂点吃的，就算做些力所能及的善事，也可以稍微洗掉你们身上的铜臭味儿啊。"大伙心想：尊珠桑格这不是转弯抹角在骂我们吗？他们被怒火冲昏了头脑，听不进任何金玉良言。还有人猜测是尊珠桑格做生意赔了本，为了保住面子，就编造这些话来欺骗大家。

"哼，咱们别听尊珠的，还是快些找到他，然后返程吧！"格桑平措咬着牙，招呼大伙回到寺外的喧闹世界。

得失有数，何必苦求

诸人走到镇外时，已经是下午，晚冬的风很冷，吹在身上阵阵生寒。

在一处土坡上，一个人身着朴素的灰袍，衣襟随风招展。尊珠桑格牵着自己的两头驴，挥手喊道："你们来啦！"

"尊珠啊！"江村大声回应，走在队伍前面的他率先上了土坡，正要说话，眼角的余光瞥见驴子背上满满的珠宝，不禁张开嘴巴，愕然道："这……这是怎么一回事啊？"

众人闻声赶来，纷纷愣住——只见前些天还空空如也的驴背上，现在驮满了珍宝，有翡翠、琉璃、红玛瑙、绿松石、紫檀木……不可思议，这些珠宝的价值足以赛过全队人的收获！

商人们见他有这么多宝贝，眼睛都直了。羡慕、嫉妒、疑惑的目光从四面投来，气氛瞬间变得十分尴尬。倒是尊珠桑格显得很自然，他笑着对大伙说："你们现在才来，一定是在镇上施舍行善过了，现在我们一道返乡吧！"

"不……不必着急！"格桑平措眼珠一转，哈哈一笑，"今天天色已经不早了，我们且在这里住上一晚，等明日再启程吧。"

"也好！"虽然不知道他肚子里什么名堂，尊珠桑格还是爽快地答应了。

这夜尊珠桑格睡得很早，他半夜起来解手时，听见附近传来"嗒——嗒——嗒"极细微的敲击火石之声。

风在呼啸，敲击声还在不断传入耳中，速度越来越急。远处有微弱的光芒闪烁。尊珠桑格循着光走去，只见在一团快要熄灭的篝火旁，格桑平措和几个商人围坐一圈。借着微弱的火光，可以望到他的眼睛有些红肿，显是没有睡好。

"喂，谁过来帮一把，怎么打不着了？"格桑平措的声音显得有些焦躁，仿佛内心正受着煎熬，但没有一个人在意。午夜的风最是刺骨，倘若在平日，众人早就冻得发抖，但现在他们任凭肌肤皲裂也不为所动，显然是心思已经放在了别处。

"总算打着了！"格桑平措站起身来，又朝火堆添了些柴火。火焰一下子旺盛起来，他的眼神好像被这团火点着了，也不怕惊扰到远处还在睡梦中的同伴，一个人大声说道："尊珠桑格这小子，真是不像话！"

这句话驱走了商人们仅存的睡意，人们精神一振，或可惜，或疑惑，或嫉妒，纷纷议论起来。

"疯子尊珠整天就知道供灯，哪来的这么多宝贝？"

"他一路上都装神弄鬼，一定有什么事情瞒着我们。"

"该不会……他拜佛供灯只是做给我们看，一个人背着大家偷偷单干了吧？"

"他一定是贿赂了客栈老板，将自己得到的珠宝都藏了起来，等我们离开基冲才拿出来！"

"对，一定是这样，要不他怎么会提前一天离开那里，到镇外等我们？"

"这可叫我们回去怎么交代呀，他得到那么多珠宝，而我们只有几块破铜烂铁，回去后不但会遭到老婆咒骂，还会被乡亲们耻笑。"

"都别说了！"格桑平措抬高声音，将叽叽喳喳的议论压了下去。他攥紧了拳头，咬牙说道，"明天一大早，咱们就去找尊珠桑格，一定把这事情问清楚。如果真有什么发财的机会，我们再回基冲！"

"对，再回基冲！"

躲在夜幕的暗影里，尊珠桑格静静注视着这一切，心头不住叹气。他偷偷走远，躺在一处土坡的石头上，睁着眼睛望天：唉，我原本想神变一次，让这些听不进良言的人开开眼，谁知道他们财迷心窍，真是不可救药！罢了，罢了，就让他们糊涂下去吧，终究会有报应的！

在东方第一缕曙光又一次划破天宇之际，来自远方的商队打起精神，整装待发。

只有尊珠桑格还躺在帐篷中，酣睡不醒。

格桑平措急了，他盘算了一夜，只想将财宝的事情问个清楚。见尊珠桑格还在睡觉，便一步闯入，叫道："尊珠桑格，快起来，你哪来的那么多宝贝，快给我们说清楚！"

"什么宝贝呀？"尊珠桑格揉了揉眼睛，缓缓坐起来。

"别装蒜了，你的那些宝石哪来的？"

"压根就没有什么宝石呀，不信你去瞧。"尊珠桑格无奈地摇了摇头。格桑平措大怒，健步绕到帐后，要去牵驴子。他还未动手，就讶然愣住——驴子背上的宝石都消失了！

"你们该不会都在做梦吧？我一直在供灯拜佛，哪来的时间去弄宝贝呀？"尊珠桑格走了出来，只见商人们都呆滞地瞧着驴子，脸上露出惊讶、惋惜，甚至是如释重负的神色。尊珠桑格看在眼里，暗自好笑。他对大家说道："你们这些人呀，我没有财富的时候，你们耻笑我；我有了财富，你们又难受起来。这也太多愁善感了。为了不让你们太过难过，我还是什么都不要罢了！"

商人们唯唯诺诺，不知道说什么好，他们只得尴尬地笑了笑。尊珠桑格知道他们心中因自己失去财富而松了一口气，也不点破，只是哈哈一笑，独自先行了。

第二部

游侠·修善　另一种摆渡者

　　天性的慈悲，或许是一个多重角色感悟佛恩最直观并有利的捷径。

　　可他偏偏还是个独特的怪人、执着的"疯子"：反叛的野马在胸中驰骋，他听从内心的指引，俨然成为坚定的实战派，更变身为云游的摆渡者。

　　昔日的庙门被果决地甩在身后，他拉出长长的身影，抱着清静的心志，一走再走，一渡再渡，枉叫俗世人可惜，富厚的家世、聪明的头脑在他这里只变作行善的资源。

　　他的确天赋卓然，深谙佛陀对自我的洞见与修炼，又将精深卓绝的个人感悟淬炼为远流世代的福祉。人间繁华，他不隔绝，但究其本质是想亲眼看看人们到底需要什么。

第五章　别了，故地的庙门

行善即是财富

星辰散布在漆黑的天宇中，宛如一双双冷锐的目光，俯瞰着睡梦里的大地。

夜幕下，微弱的火光在车队中闪烁，人影飘忽不定。

篝火旁，几个商人围在一起，热情畅快地聊着一路走来的所见所闻。已经出来五个多月了，他们经历了雪暴、寒风、干旱、饥饿，终于挺了过来，按照估计的路程，回家不过是两三日的事情了。

一辆运货的大车上，抬眼望天的青年男子跳了下来，只是简短地同大家说了一句："收拾东西，连夜上路。"人们都敬畏地看着他，点头答应了一声，毫无怨言地收拾起了包袱。

"尊珠桑格这小子……"一个肥头大耳的商人低低咕哝了一声，似乎只有他看不惯那位年轻人。众人看了胖商人一眼，没人理睬他，只是自顾自地收拾着。

"再过一两天，就进入雨季了，大伙加紧前进，我们要在大雨来临前回到仁钦顶，可不能淋湿了货物！"一个老商人语速缓慢地解释着。商队的人都点了点头，一个汉子笑道："尊珠桑格料事如神，一路上要不是他，我们怎能化险为夷？老江村，你不用解释啦，我们只管听尊珠的话便是！"

"呸……不就是有点神通吗，可是这次他将钱全部拿去供灯，一个子儿都没赚着。先让这小子得意几天,看他回去如何向多吉坚赞交代!"胖商人用只有自己才能听见的声音唠叨着,他十分了解多吉坚赞的脾气,如果知道儿子赔了个血本无归,他必然会大发雷霆。

远处,一双锐利的目光向自己投来,胖商人仿佛做了亏心事被发现一般,乍然闭嘴——这小子……难道能读到我心里想的话?

胖商人讪讪一笑,也转身收拾东西去了。

这支载满财物的商队星夜兼程,朝着仁钦顶迤逦而去。不知过了多久,天微微亮,高原依然漫无边际地延展着。在微薄的晨曦中,依稀能看到极远处青黛色的影子,那是扎桑日山。翻过那里,便是仁钦顶地界了。

风中依稀有哭声传来,商人们诧然驻足。

没多久,地平线上出现了两个小小的影子,正迈着步子朝这边走来。渐渐地他们可以看清了——那是一对姐妹,大的约十二三岁,小的只有四五岁。她们衣衫褴褛,赤着双脚,步履艰难地走着。

"晦气啊晦气,哪里来的讨饭的?"胖商人心中刚起了念头,只见队中的那位青年领队三步并作两步,奔了过去。他同两姐妹打了招呼,交流了片刻,便将她们搀扶过来。

"谢……谢谢你,大善人尊珠桑格,谢谢诸位叔叔伯伯!"姐姐十分机灵,刚一见面便脆声道谢。青年招呼大家道,"这两个娃娃饿极了,大伙拿点糌粑和水,先让她们补充一下体力!"

"嘿,尊珠桑格,这是怎么一回事?"看着两姐妹狼吞虎咽的样子,胖商人眯缝着眼睛笑了。他笑得很奸猾,似乎在鬼鬼祟祟地谋划着什么。

尊珠桑格听了,对她们微笑道:"你们叫什么名字,怎么独自跑了出来,究竟是怎么一回事?"

"我叫央金白玛,她是我妹妹央金梅朵。"姐姐答道,"我们是从拉加里①来的,去年那里闹了旱灾和蝗灾,颗粒无收,好多叔叔婶婶都饿死渴死了,我们就向西一边逃难,一边乞讨。幸亏遇到了你们!"

---

① 拉加里:今山南市曲松县。

听到这话，人群开始议论纷纷。

"拉加里那边去年确实闹了一场旱灾，听说死了好些人呢。"

"没想到那场灾害，竟然严重到这种地步！"

"唉，这些年天灾人祸不断，我这次出来做生意的一个目的，就是积累些钱财，说不定哪年就轮到咱们这边遭灾了啊。"

"这俩小孩真是可怜，我看咱们就把她们收留了吧。"

"收留两个只会吃白饭，不能干活的小娃娃怎么行？"胖商人格桑平措低声道，他转过头，漫不经心地问道，"你们家里的大人呢？"

听到这话，央金白玛眼圈一红，几乎哭出声来："阿爸早就饿死了，阿妈带着我们一起逃难，半路也走散了。"

格桑平措本来打算将这两个孩子收留，将来从他们的父母那里要些好处回来。听到这话便打住不再说下去了。谁料白玛和梅朵被他勾起了伤心事，抽抽噎噎地哭了起来。

"我们这里一片升平祥和，想不到别处的同胞们竟然生活在水深火热之中！"尊珠桑格顾谓左右，"不如大伙各自出些钱财安顿了两个小家伙，也不至于让她们天天风餐露宿！"

"尊珠桑格，你说得倒是轻松！"格桑平措颊上肥肉堆起，冷笑道："谁都知道你这趟生意赔了本，现在是身无分文，你叫我们出钱，自己却一文钱没有，只是在旁边看戏，还落得一个好名声。这赔本买卖，我格桑平措是万万不做！"

"你……"尊珠桑格正要动怒，却听央金白玛脆生生道："我们拉加里的女儿出门在外，绝不要钱！多谢恩人，你们给了我们食物和水，我们已经很感激了，我和妹妹休息好了，这就走。"

老江村排众而出，问道："等等，你们人生地不熟，这是要去哪里？"

"我听人说附近有座扎桑日山，上面有一位普度众生的活佛，我们打算投靠他去。"

"原来如此。"老江村指着远处的一座青山，叹道，"不过你们迷路啦！那里才是扎桑日山，你们已经走远了。"

"是……那座山吗？"央金白玛纯真的大眼睛掠过一丝迷惘——对于一个只有十二三岁的小姑娘来说，不认得路是再正常不过的事情。

"我带你们去！"尊珠桑格挺身而出，其实他心中也疑惑着："去年冬天出发的时候，还没听说过扎桑日山上有什么活佛啊。"

"这里距仁钦顶只有两天的路程了，大家伙先回去吧！"尊珠桑格对同伴说道。他又嘱咐江村说，回家后一定不要让阿爸阿妈着急，自己送完两个小姑娘就赶回家。众人见尊珠去意坚决，也就不再阻拦，先行出发了。

"哼，尊珠这小子不过是没脸见多吉坚赞，故意找个理由开溜罢了。"风声淹没了格桑平措的碎语。看着同伴远去的身影，尊珠桑格苦笑着摇头——这个执迷不悟的家伙，究竟怎样才能让他明白，一切财富皆虚幻，行善才是最重要的事情呢？

只是一瞬间的感慨，他改了容色，带着两个小姐妹出发了。风猎猎地吹着，日色下三个由长到短的人影缓缓移动。扎桑日山上绿树如荫，正摇摆着碧翠的枝干，仿佛是在向他们招手。

开启传播者历程

天下起了蒙蒙的雨，三人走了三个多时辰，终于来到了扎桑日山脚下。

他们沿着蜿蜒的山路前行，一眼望去，漫山遍野尽是暗红色的白玛草。这是一种类似柳条的草儿，人们往往在秋天将它们晒干，去皮，再用皮条辫扎成小捆，整齐地压在墙檐下。尊珠桑格想到了贡棒寺的院墙，那里也是暗红色的一片。每到夏天，早已老去干枯的红墙映衬着生机勃勃的绿草，仿佛在静静诉说着时光的轮回。

"姐姐，你还记得吗，爸爸小时候经常带着咱们采白玛草呢，它们多好看呀。"央金梅朵看着这些草儿，痴痴出神。

"是呀。爸爸说白玛草不似花朵那般艳丽照人，却随处都能生长，哪里都能成活，它比花儿坚强得多呢。爸爸希望我们也同这草儿一样。他虽然已经不在了，可我们要坚强地活下去。"白玛牵着妹妹的手，一步一个脚印。虽然只有十二三岁，但颠沛流离的生活使这个小女孩儿变得十分懂事，在外面，她既是姐姐，又如母亲，不仅要做好自己，更要照顾好年幼的妹妹。

尊珠桑格听着姐妹俩的谈话，既感动，又心情沉重。他想到乌斯藏地区还有这么多受苦受难的百姓，如果自己一辈子做生意的话，怎么能够上不负三宝，下对得起良心呢？他暗下决心，这次回去后一定同父亲说个明白，早早辞别故里，去各地修行学法，普度众生。

雨停了，阳光在天际投射出淡淡的彩虹。三人登上一个小峰，远远望去，依稀可见远处更高的山崖间挂满了色彩斑斓的经幡，一座红瓦寺庙立在山顶。

继续向上攀登了没多久，三人又发现一处有多个修行洞穴的院落。沿着用石块砌就的台阶，他们来到这个小院。这里有三个修行洞穴，都是借助山势而建的。听到脚步声，从其中一个洞穴走出一个修行者模样的人。

"您好，我们是专程来拜访在这里禅居的活佛的！"尊珠桑格躬身行礼。那修行者还礼道："太好了，今早活佛将我们召集在寺内，对我们说起他梦到会有一位大贤前来造访。我看您是个有德的圣者，说不定便是活佛所说的那个人，请随我来！"

尊珠道了谢，四人便一起登山。又走了小半个时辰，终于到达了山顶的寺庙。修行者将他们引入门中。小梅朵骨碌碌地转动眼睛看着周围，似乎一切都很新鲜。快走到大殿时，她一个不留神，脚下一绊，差点跌倒。

"小心！"白玛敏捷地扶住了妹妹，数落道，"一会儿就要拜见活佛了，你可不能三心二意呀。"梅朵点了点头，两姐妹跟在尊珠身后，随着那位修行者走近大殿。殿门虚掩着，并未关闭。修行者朗声道："禀告师尊，有三位施主求见您！"

"进来吧。"殿内传来一个老人的声音，似乎带着一丝激动。

门开了，白玛领着妹妹，刚要踏入殿中，却忽然看到身侧的尊珠凝住脚步，只见这位年轻恩人的脸上写满了出乎意料的喜悦之色，他一动不动地瞧着殿内的老僧。

那位慈眉善目、坐在蒲团上合掌微笑的圣者，正是尊珠桑格修业的指路人——自小就在心底最敬重的屯益坚赞活佛！

"真的是你吗，师尊？"尊珠桑格揉了揉眼睛，大喜。他踏前一步，叩拜在地，"好多年不见，您老人家身体可好？"

见到弟子，屯益坚赞活佛也十分高兴。没想到昔日那个聪慧、天真、活泼的小弟子，如今已经长成了大人，他身姿挺拔，如金刚般立在原地，看起来是那么睿智，那么沉稳。

"尊珠桑格，你来了！"屯益坚赞若有所思地微笑，"昨夜我偶得一梦，莲花生大师说他的转世要来到这里，让我把珍藏多年的经书传给他，没想到竟是真的，是你来了！"

"我是莲花生大师的转世？"尊珠桑格一惊，不敢置信地摇了摇头。自己怎么会是莲花生大师的转世呢？不过这些都属于缘分，不必强求其有，也不必否定其无呀。想明白这一层，他转过了念头，问道："师尊，您怎么不在贡棒寺修持了？"

"唉……说来话长，"屯益坚赞叹道，"最近修行难以进步，我时常感到愧疚，因此来到这里禅居。你看这里的奇山秀景，是如此空灵美好，也许会有助于修行！"

"师尊说的是！"尊珠桑格再拜。他看到两个女孩怯生生地立在门口，就招了招手，示意她们过来。"师尊，去年拉加里一带大旱，这两个孩子没了爹，又与娘亲走散了，一路流浪至此。她们听说山顶有一位救苦救难的活佛，想请求他的庇佑。我就带她们来了，没想到那位活佛就是您。"

"孩子们，请随我来。"屯益坚赞活佛带着两个女孩儿走到寺中一间屋子门口，唤出里面的弟子，吩咐道，"你带着这两位小施主在山间的院落中安置下来。"那僧人领命去了。

"尊珠啊，你这些年过得怎样？"绿树成荫的寺院中，尊珠桑格陪同屯益坚赞活佛散步。听到问话，他面色一惭，道："弟子这些年一直在帮父亲做生意，很少进行修业，实在是有愧师尊教导。"

"你不必过谦，自小我就看出你与众不同，是位有大智慧的人。"屯益坚赞微笑道，"在寺庙禅居是修行，四处做生意也是修行，你说说，从中领悟到些什么？"

尊珠桑格诚心答道："弟子这些年走遍了乌斯藏，看到许多事情。虽然有些地方的人安居乐业，可更多土地上的百姓却过着饥寒交迫的生活。一旦出现旱灾、雪灾，他们就只能背井离乡，四处逃难。弟子认为，比起禅修，在尘世中行走更需要保持灵台清明。如果将做生意赚来的钱用来供灯拜佛，替百姓祈福祷告，也是一种善行。"

"是啊，不但是拜佛祈福，如果能积累财富并用之造福于百姓，亦是一种大功业。"屯益坚赞活佛指点道，"百姓们需要的不仅是祈祷，还有那些让他们生活便利、有所依靠的东西。附近有一位心地慈悲的大商人扎西次仁，我有幸得到他的捐助，便在山中修建了院落，收留那些逃荒至此的难民。看到他们有了依靠，亦是一种极乐啊。"

尊珠桑格感到醍醐灌顶般的明澈，他猛然醒悟：作为一名修行者，可以替众生做的，不仅仅是祈福啊！我何不用自己在做生意方面的智慧，创造一番功业呢？

走着走着，两人来到了一座格调古朴的房屋前，屯益坚赞打开屋门，一股书卷香味扑面而来。尊珠桑格仔细看去，只见松木做成的架子上陈列着《修行五分法》《俱生法》《大自在经》《妮谷六法》①《六支加行》②等经书。屯益坚赞指着这些经书道："就在昨夜，莲花生大师托梦于我，说这里所有的经书都是他五百年前留下的，他的转世已经来到西藏，这个人将会调伏这里的众生，给这里所有的百姓带来福祉。看来你就是莲花生大师所说的那个人啊，请将这些经书都取走吧！"

尊珠桑格如获至宝似的浏览着这些精深繁奥的经书，心中更加感到佛法的广大无边。他立下志向，请求在这里修行三年，活佛欣然同意。就这样，尊珠桑格用一周时间，匆匆回家和父亲交代了做生意的事务，便辞别了父母，来到扎桑日山，开始追随恩师一道修行。

①《妮谷六法》：密乘妮谷空行所传六法。
②《六支加行》：佛教密乘《时轮金刚》圆满次第修炼时，于所缘境上进行的收摄、禅定、行风、持风、随念和三摩地。

尼泊尔，一见如故

尊珠桑格在扎桑日山上修习了三年，这三年里他进境神速，但当遇到一些难解的梵文时，却一筹莫展。一天夜晚，他摆朵玛①供奉了护法神，虔诚地祷告，希望能领悟更深层的佛法。当夜入睡时，尊珠梦到一个黑皮肤的人站在他面前，说道："我与汝前世有缘，我将指引汝去尼泊尔、印度取经学法。汝必会在彼地求得所需之物。"

尊珠桑格认为这样既可以熟悉梵文，又可以取经学法。更重要的是，要想实现传法的志向，也必须严格要求自己，在佛法上有更深层次的领悟。须知若要为弟子传密法，则绝不能仅仅会念个藏文灌顶仪轨就草草了事。一个合格的传法者，首先要严守戒律，誓言清净；其次，必须精通各部佛经原旨，对其引申含义也要运用自如；最后，要用自身的修行体验来证悟解惑，以大悲心来引导众生。

"尼泊尔、印度等国路途遥远，是否会在途中迁延时日，不能及时赶回乌斯藏，普度我的同胞？"尊珠桑格说起自己的担忧。

"尼泊尔国便在喜马拉雅山南麓，距此地最多不过数月，而印度距尼国亦不过数月。至彼地取经学法，实为易事。况且佛徒求道，唯心诚志坚足矣，岂惧路途遥远，时日绵长？"黑皮肤的人说道。

"大师说的是。我当不畏艰险，前去学法。"尊珠桑格感到灵台豁然开朗，他敛容致歉，坚定地答应了对方。那位黑人听罢朝他点头致意，忽然消失

---

① 朵玛：藏语的音译，是一种由糌粑捏成，用于拜祭的供品。

了，他原先站立的地方则出现了一只漆黑的乌鸦。

尊珠桑格方知是有异人显圣。这年八月，他便启程前往尼泊尔。

十月一到，尼泊尔的雨季就彻底结束了。洁白的喜马拉雅山终于苏醒，从容地向人们展示它伟岸的真容。

"真是一个梦幻之国。"尊珠桑格刚刚踏入这片土地，就由衷地发出赞叹。他穿行于险峰丘陵之间，尽管有些疲惫，但更多的是跋涉后的沉淀和感悟。这一路走来，他没有看到精美绝伦的木雕窗户、巍峨耸立的佛塔，而是看到了那古旧的村落和低矮的房屋。尼泊尔人不事奢华，纯净而朴素。这里是一个飞舞着音乐与神灵的国度，无论日升月落，神秘宁静的尼泊尔舞蹈和村人们虔诚的念经声，都为这里笼罩了一层迷人的面纱。

尊珠桑格行走在其中，心旷神怡。他全身心地融入了这里，跟随当地人一起礼佛、歌唱、舞蹈、劳作，如此度过了来到尼泊尔的第一年。

一个奔波的商人、疲惫的佛徒，在遥远天涯的彼岸，意外寻觅到这处可以安置灵魂的桃源。

当又一年金秋之叶翩然落地时，那只黑鸦又出现在梦中，对尊珠桑格说道："可敬的尊珠啊，一年以来，你的灵魂更加纯净了，现在是时候带你去拜访住在加德满都斯瓦扬布寺的大学者达玛哈布提了。"

"斯瓦扬布寺？"尊珠桑格蓦地想起古卷上曾有的记载：故老相传，尼泊尔原为一巨大湖泊，湖内开着一朵奇异的莲花。后来文殊师利菩萨由五台山来到此地，一手执宝剑，一手持书卷，把山岭劈开，将湖水排出，这才有了尼泊尔。而生长莲花的地方就在加德满都城郊的斯瓦扬布山上。从那以后，莲花就变成了斯瓦扬布寺佛塔。

当来自异国的旅人沐着晨露，穿花踏叶，走近庄重典雅的寺门时，竟有一个智者模样的老人出现在面前。他额头隆起，双目如炬，似乎早早相候在那里。

此人便是尼泊尔的大智者达玛哈布提。

"自入宝地以来，深感灵台朗照，心底纯净。每日参读经文，颇有困惑之处，故于今冒昧拜访，企望智者指点一二。"尊珠桑格躬身行礼。

"请不必多礼。"达玛哈布提上前相扶,挽住尊珠桑格的手,"来,我们边走边谈。"

"此次拜访实为仓促,尊珠未曾相告,不知智者如何得知,早早等候?"

"我昨日偶得一梦:有一雪域瑜伽,面目俊朗,身形高大,头顶五色经幡,身具十方功德,他说要来此地取经学法,因此我便特地相候。"

"尊珠每每修习宝地经文,常常不解,有精深梵文之处更难参悟,请允许我拜入门下,追随您修行三年。"

"瑜伽不必过谦,你身具无上法门,堪是乌斯藏修习者中大有智慧之人。如蒙光降,我愿与您一同修行,将梵文经书中精辟之处一一相告。"

"多谢了。"尊珠桑格再拜致谢。两人边走边说,不知不觉走到了一处巍峨的佛塔下,这座塔根基呈纯白色,塔身金黄,其高耸入云的华盖与宝顶,在日光下灿然生辉。华盖顶上又竖起高达数米的铜质鎏金宝顶,顶端东部是一根硕大的青铜金刚杵,饰以藏族生肖图案,犹如王冠上镶嵌的金顶一样闪闪发光。

"真如神迹一般啊!"尊珠桑格喟然赞叹。达玛哈布提微笑道,"此宝塔为鄙寺瑜伽、工匠穷尽智慧所建,涵盖地、气、水、火、生五象,是一绝好修行所在。今后三年,我与你便进入这塔中悟道吧。"

"如此最好。"尊珠桑格那颗向佛之心更加宁静自然,遥望着这恢宏伟岸的人间奇迹,他如同古来的佛家大师参悟大道时一样,在这一呼一吸之间,进入了永恒的思索。

数载殷勤修佛禅,高处更堪挑清寒。
拈花未语心先笑,一吟梦过已经年。

印度之旅

达玛哈布提委实可称得上是尼泊尔不世出的大智者。在他的指点下，尊珠桑格不仅在佛学、梵文方面均有巨大提升，还广泛涉猎了尼泊尔、印度等国的历史、地理、人文知识。

他在斯瓦扬布寺一住就是五载，比原先预想的还多了两年。五年对于一个人来说很长，但尊珠桑格从不感觉寂寞无趣，他埋首于卷帙浩繁的书海，无论世外春秋变幻如何。

终于，智者察觉到尊珠的学识到了一种极限。这一日，他告诉尊珠："我已经将毕生所学倾囊相授，再没有什么可以帮助你的了，你已功德圆满，是该离开寺庙，另寻他处的时候了。"

"我的心虽已如秋水般空明，却犹有未足。"尊珠桑格叹道，"若论造诣之高下，修为之深浅，我终究与您相差千里。"

"不必因此担忧，"智者的声音好似山间清泉，充满透彻的佛性，"你所欠者，唯火候与时日而已。只须在这尘世多加历练，终必得证大道。此间向南走，有一佛国名曰印度，乃释迦牟尼修道、讲法、涅槃之所，彼国有多位身具大智慧、大神通之瑜伽，你可前去拜访，再修大道。"

"智者如此夸赞，尊珠定当前往学法。"尊珠桑格回屋打点行装，临别之际，他再度虔诚地向达玛哈布提叩拜致谢。智者连忙扶起，将他送至寺门。

三十余岁的尊珠桑格宛如一尊金刚，沐浴在淡淡的日光下，周身充满光明的力量。智者看着他的眼睛，殷切叮嘱道："此去一别，更不知何日才能再见，我有一言，请瑜伽谨记。"

"智者请说，尊珠洗耳恭听。"

"虽然因果轮回，乃最基础之佛教教义，但这一教义与众生密切相关，丝毫轻视不得。我听闻乌斯藏多灾多难，亟须一位大瑜伽普度世人。汝自印度学法而归后，再度化凡人，多种善因之余，务必使其明白因果之报。只因汝一人纵然神通广大，终有穷尽之限，唯有众生皆知因果，携手行善，乌斯藏方能长久兴旺。"

智者的话宛如夜幕中的北极星，明亮而璀璨，点明了许多大贤或许一生都难以绕过的一个大障。以中土之学说比喻，即授人以鱼，不如授人以渔。与其日日度人，不如教会人人自度。这道理原本人人懂得，但行事之难，远过于空谈。没有超人的耐心和智慧，又怎能点悟得透那些在贪、痴、嗔中徘徊的迷途羔羊？

尊珠桑格肃然敛容，他再次长拜，不置一言便转身离去了。但这沉默的背后，究竟隐藏了多少感激和顿悟？

青草缀满陌边，透着尼泊尔独有的清香。路延展在脚下，愈行愈长。长路啊长路，吾之大道虽已豁然如雪，但又该怎样才能实现那如阳光般辉煌的宿志？

很多事物在朝极致发展的时候，反而会显得不那么真切。恰如这晚秋的长夜，越是寒冷，越是朦胧。

尊珠桑格走在位于尼印边界处的一座森林里，用五蕴六识①感受着静谧的风光。

枯叶如弯弯的小舟，落在这个独行者的脚下。林很深，又极静，要不是昨夜有守林人告知，尊珠桑格几乎不敢相信这里就是佛祖乔达摩·悉达多的诞生之所——圣洁之域蓝毗尼。

但是，对于尊珠这样一位朝圣者来说，最重要的并非释迦牟尼肉体之诞生。佛经有载，佛祖青年之时，在蓝毗尼的一座林子中静坐，发现自己为生、

---

① 五蕴六识：佛教术语。五蕴，指色、受、想、行、识五种世间现象。六识，指眼、耳、鼻、舌、身、意六种认识作用。

老、病、死这些极为痛苦的现实所围困。他以大智慧、大定力脱离凡俗，最终得证大道，开佛法之先河，让人好生神往。

此刻，尊珠桑格满怀着追忆的悠思，踏着佛陀的旧路，恰如涉过了千年流淌的历史长河。

究竟是什么时候，真诚的出离尘世之念在佛祖的心中生起？他将旧有的生活完全抛弃，丢下皇宫、全部财富与整个家庭，忍受世人的讥笑，只以鸟兽为友，清风为伴，这是何等超凡的勇气？

然而，如尊珠桑格这般追寻真理的人心中亦懂得，若非有过人的勇气、毅力和决心，绝不能在混沌一片的尘心之外，开辟出佛法这片灵魂的净土。

他缓缓地前行，感受着这里在时光流逝中沉积下的气蕴。不需要经卷，不需要禅定，等到离开的时候，自然而然，心中就多了一层宁和。

或许，这种跋涉便是一种修行。

踏入印度的土壤后，尊珠桑格的脚步更加缓慢了。在这佛国之中，每一地、每一处都值得品味驻足，每一时、每一刻都让人心生哲思。他造访了巍峨恢宏的王舍城，来到城中的竹林精舍内，向精通密宗的斯迪冉达那活佛学习了诸般密宗经典，并接受了灌顶。临别时，活佛的助手——一位上等女婆罗门还叮嘱尊珠道："瑜伽必能修成正果，但神圣的密宗不宜广传，你返回乌斯藏后，应当找弟子口授单传才是。"

接着，他走过菩提伽耶[1]贫穷却静谧的乡土，向居住在那里的三位有德的修行者学习了《长寿经》的秘法。三位修行者带着他在尼连禅河[2]畔寻访了释迦牟尼当年坐在其下的那株菩提树。就在这株菩提树下，释迦牟尼粉碎了他最后的尘污，证得正果，成了十方世界[3]的先驱者。尊珠桑格在树下禅修了一个月，其修行境界又得到了提升。

---

[1] 菩提伽耶：又称菩提道场，古印度佛教遗址，传为释迦牟尼得道成佛处。
[2] 尼连禅河：恒河支流，是释迦牟尼成道前，苦行而沐浴之河。
[3] 十方世界：东、南、西、北四方，与东北、东南、西北、西南四维，及上下二方，为十方。十方有情世界无边无量，故曰十方世界。

之后，他又前往印度南方的桑宁岛。那里有绿茵茵的草坪，美观漂亮的棕树林和药用植物。树林里，飞禽走兽自由自在地嬉闹玩耍。见到尊珠桑格来到，孔雀绽放了美丽的羽毛，大象也匍匐在地以示恭敬。清澈的池塘里，有许多过往的旅人搓洗着满身的尘埃。池前不远，矗立着一座金顶宝塔，塔下，一位名叫阿罗汉项的尊者正对众生讲经说法，灌顶加持。

尊珠桑格围绕着宝塔转经二十一日，塔内的活佛圣夏瓦日旺久率领两位吹笛的瑜伽，对尊珠桑格道："三时行大业的尊珠桑格啊，你将来会在乌斯藏地区北方的大江边，一处形似蝎子的山顶上建造一座宝塔，塔的形状和高度同眼前之塔一模一样。塔落成之后，能把乌斯藏众生从灾难中解救出来。"

尊珠桑格谨记于心，并在塔内修行，一驻又是一年。

接着，他沿路北归，走过了大觉寺、鹿野苑、祇园精舍、吠舍离、七叶窟、灵鹫山、恒河……真如琳琅珠玉，不能一一而足。

十八载春秋倥偬而过，尊珠桑格圆满学成。再回到乌斯藏时，昔时仁钦顶那个是非分明、扬善嫉恶的青年喇嘛，已经成长为一名博学多才、沉稳睿智的圣者。

岩石山还是一样的岩石山，苇瓦还是一样的苇瓦。父亲和江村大叔变得白发苍苍，而最让尊珠桑格牵挂的母亲，仿佛预知了消息一般，走出屋子，倚门而望。

一切仍然静谧而安详，这里仿佛如十八年前一样，从未有过喧嚣和熙攘。

"我的儿子，你回来了。"

第六章 心中的空行母

回到母亲身边

通常讲，四十八岁对于一个人来说，意味着垂老的开始，但在尊珠桑格饱经沧桑的身上，能看到的却是健康与成熟。

白发苍苍的加嘎拉姆感慨万千地将儿子抱在怀里，仿佛他还是四十年前那个垂髫小童。多吉坚赞立在门口，任满头银丝被风吹拂着，自顾自呵呵笑着。而尊珠桑格业已步入老年的大哥二哥，在听闻了消息后急急赶来，亦是喜不自胜。

没有眼泪，没有悲伤，岩石山上的太阳仿佛被谁特意点燃似的，火烧般亮红，照耀着这一家子重逢的刹那，勾勒出一幅绝好的天然图画。

从别后，忆相逢，几回魂梦与君同。

"阿妈……"尊珠桑格拥抱着母亲瘦弱的身躯，一瞬间感受到她的衰老。她眼窝深陷，眼角布满皱纹，在日色的照射下，伛偻的身子更显微弱而单薄。尽管如此，她的怀抱依旧是最温暖最安宁的避风港。

"和你阿爸说说话吧，尊珠，他也想你想得紧呢。"

"阿爸，这些年辛苦您了！"尊珠桑格回转身子，去门边握住阿爸亦显苍老的宽厚手掌。说心里话，他对阿爸是有愧的。他明白当年阿爸对自己的期许，可是为了弘扬佛法，普度众生，他只得丢下家中的生意，一去就是十八年。十八年来，日渐衰老的阿爸是怎样一直扛着这个家前进，又尝了多少辛酸苦楚？然而此刻，他只是凝着老泪慈祥地看着自己，丝毫不曾埋怨诉苦。

"老三，你真的成为一个圣者了。"多吉坚赞感受到了儿子自内而外发生的变化，心头感慨万千。虽然儿子没有如自己所愿地将人生写就，但或许，成为大喇嘛的尊珠桑格，比大商人尊珠桑格更好吧？他于佛学所知不深，但心中亦怀感敬。从儿子小时候，他就明白，无论自己如何游说，儿子是注定会走上这条路的。那么，就放手让他去走吧，如能为同胞尽一份力，也是实践了自己心底另一种良知。

"阿爸，我一定不会辜负您老人家的期望。"父子俩虽然多年未见，但彼此凝视的时刻，却是心意相通。

"大哥，二哥，你们都好吗？"尊珠桑格同色如白、罗奔白翠紧紧拥抱。他们资质平平，身子骨亦不算十分硬朗，此刻已然如同老人一般。但是，他们自小就带着自己玩耍，这许多年来又是他们代替自己的那一份在父母膝前尽孝，虽然日子过得平淡普通，但又怎能说不是伟大的？平凡人的一生是如此渺小，但圣者的背后，不可或缺的正是这种平凡。

"阿爸，江村大叔他也还好吧？"

"他好得很，就是也老得走不动路咯。尊珠呀，等会儿带你去看看，今年家里的羊又多了许多呢。"

"阿妈，您还记得吗，小时候您常带我去岩石山的草坡上编花环，过些日子儿子还想求您再编一顶呢。"

"呵呵，好，好！"

一切都是那么温馨宁和，恰如从山坡上吹下的柔风一样。

明月照我心

听说尊珠桑格归来，乡亲们也并非都是高兴的，比如那位仁钦顶第二富豪格桑平措。

老商人这辈子积累了数不清的财富，却仍然比多吉坚赞家少那么一点。这些年来无论怎么努力，总是差着那么一丝说不清道不明的运气。每每午夜梦回，想到这一点的格桑总是快快不乐，他认定了是多吉家的神秘小子暗中请了神灵作祟。因此，当见到尊珠桑格的时候，他便忍不住盘问奚落。

"比丘尊珠桑格啊，这十八年你都到哪儿去了？"

"我到尼泊尔、印度取经学法去了，现在再也没有我看不懂的佛典了。"

"哦，是吗？我听说尼泊尔和印度那里到处都是翡翠珠宝，你走了十八年，怎么穿得还是如此破烂，好歹也带回些宝贝袈裟来啊，哈哈。"

尊珠桑格没有发怒，也没有叹气，只是淡淡一笑，转身走了。如今的他，对于那些不理解自己的声音，已经如清风明月一般毫不介怀。他早已认定的目标，纵然万人指责，亦必躬行如是。

格桑平措讨个没趣，回去后，逢人便唠叨起来："我看啊，尊珠桑格根本没有学到什么佛法，八成是做生意赔了本没脸回家，去外面流浪了十八年而已。"有些人听了他的蛊惑，也对尊珠有了成见。

在陪伴家人一段日子后，尊珠深感十八年来所学之佛法还有可以参悟之处，他暂别父母，前往岩石山的一处山洞潜心修行起来。

数月已过，尊珠桑格即将结束这次修习。一日，一个小牧羊童放羊路过山洞，听闻洞内传来一阵悦耳的法铃声，心中好奇，便走入洞中。

"这位比丘，您是谁呀，为什么在这里呢？"看到尊珠桑格后，小牧羊童忽闪着大眼睛，天真地问道。

此时正是尊珠思考这次修行的最后一个问题——如何能将佛祖之身、形、意所阐发出的精神融为一体的时刻。连日苦思，他心中已有解答。此刻看到这个陌生小童，不禁微微一笑。

看到眼前这位比丘的笑容，不知怎么，牧羊童心头自然而然生出了一股崇敬。他乖巧地对着尊珠拜了几拜，得到了这位圣者的摩顶加持。

回家后，牧羊童对父亲说起了这段奇遇："我今天在岩石山的一处山洞发现，有一位大瑜伽正在修行，我们给他送些朵玛，去请求他的加持，好不好？"那位父亲回答说："这是一件大好事呀，我要赶紧去告诉邻居们，一同去祈求加持。"

消息惊动了正因没有好运气而沮丧的格桑平措。听说此事后，他立即准备了一大车供品，出发得比谁都快，还不到半个时辰，就赶到了山洞口。

洞内黑漆漆的，格桑平措不敢造次，便在洞外诚心叩拜，祈求加持。洞内的瑜伽未曾答话，但在格桑平措心底，却神奇地出现了一个声音。只听那声音道："我知道还有许多村民未曾赶到，你且等一等，我会为你们一同加持。"

格桑平措吃了一惊，对洞内的瑜伽更加崇敬了。他恭恭敬敬地守在洞口，心中暗暗高兴：哈哈，这位大瑜伽果然有无上的法力呀，等我得到了他的加持，必定压伏多吉家臭小子的邪法，成为仁钦顶最富有的人！

不久，乡亲们陆续赶到，一同进献了供品。那个声音又在众人心底响起，他首先感谢了大家的诚心，之后开始讲述《皈依经》中的慈悲之道。

当年，尼泊尔大智者达玛哈布提在临别之际，向尊珠桑格讲述了授人以鱼，不如授人以渔的道理，此刻尊珠没有直接为众人加持，便是盼着他们能悉心听法，有所自悟。众人都十分恭敬地聆听着心中的声音，只有格桑平措心头焦躁起来，他暗暗自语道："尊敬的瑜伽啊，快别啰唆啦，请快快为我加持！"

诡异的事情发生了，格桑平措耳边持续不断地回响起那位瑜伽的讲经声，但旁边的村人却仿佛已经听完了经义。他们若有所悟地抬起头，朝着洞内合掌礼敬，又一个个走进洞中接受瑜伽的加持，心满意足地离去了。唯有格桑平措没有得到任何示意。

格桑平措忍了许久，直到村人都走光了，终于不耐烦起来。他高声叫道："洞中的瑜伽啊，您说的道理我都懂啦，请快快为我加持吧！"说罢也不经许可，便要抬足闯进洞中。谁知刚踏进一步，仿佛有无形的阻力似的，竟一步也不能再前进了。此时那个声音又在心底响起："这位朋友啊，您还未曾听完经义，如果等不及一定要得到加持的话，请您许诺拿出二百克青稞，用于周济过往的流浪者吧。"

"什么，二百克青稞？"格桑平措心头一惊，这可是一笔不小的财富啊！他犹豫起来。可是一想到这些年总被多吉坚赞家压一头的可气之事，便咬了咬牙，答道："依你，依你，这下我可以进去了吧！"说罢猛地一冲，谁知这次没了阻力，一口气便闯进洞内，还差点摔了个筋斗。

洞内一灯烛照，一位圣者微笑着坐在一团蒲草之上，浑身散发着耀眼的光辉。格桑平措揉了揉眼睛，仔细一看，脸上顿时现出尴尬古怪的神情——原来这位大瑜伽，正是尊珠桑格那小子！

"格桑，请低下头，我来为你加持。"尊珠桑格神色淡然，一点也不见怪。但格桑平措却忍受不住了，他那张胖脸涨得通红，径直转头离去。嘴里还不住嘟囔着："见鬼！原来是疯子尊珠，我又上当了！"

尊珠桑格望着他匆忙的脚步，轻轻一叹："唉，人呀，就是这样反复无常。"

慈母仙逝

结束了为期数月的修行，尊珠桑格回到家中，骤然感到气氛有些异样。这种感觉细微而敏锐，仿佛是由他心房牵出的一根线一样，虽然纤细如丝，一经扯动，却是那样牵连肺腑。

他心头一动，推开院门，第一眼便看到了阿妈那衰老的眼神。

"赤乌班登。"她呼唤着儿子最初的名字，用干枯的手握住他宽厚的手。这是她最牵挂的儿子，虽然自其长大成人后，他们聚少离多。但是她在他身上凝注的爱，却始终没有褪色。

"阿妈，您这是……"尊珠桑格迟疑不语，阿妈那透着灰色底印的瞳孔，分明是虚弱至极的征兆。难道……她是要前往莲花界①那边了吗？

尊珠桑格的童年是在温馨的环境下度过的，这主要缘于他慈祥的阿妈。她在他心底的意义无可替代。也正因如此，当尊珠桑格从印度回来后，便为阿妈加持摩顶，为她祈福了整整二十一天。

"赤乌班登啊，我看到了须弥山②……你看，你也看呀。"加嘎拉姆拉着儿子的手，望着茫茫天宇，出神呢喃，"看啊，空行母和灵童都在朝我招手，莲花生大师要召我前去侍奉他了，孩子，你可要好好替他守护这世上的子民啊。"

尊珠桑格口诵佛号，虔诚祈祷。在《大圆胜会经》旷达而慈悲的祷文中，

---

① 莲花界：指佛教中所说的西方极乐世界。
② 须弥山：佛教认为该地是世界的中心，须弥山四周有四大洲八小洲，日月星辰绕之而行，构成宇宙。

加嘎拉姆缓缓合上眼睛。她终于有些累了，仿佛经过了一个很长很长的梦。那里有编织的花环，满山的碧草，抱着羚羊嬉闹的孩童，身躯伟岸的男人；那里有泛着热气的酥油茶，香香的糌粑，随风转动的经轮，蓝蓝的天空和明黄的瓦。

她淡泊世事，潜心修行，悠然地安享了晚年。如今，这位度过了八十三轮春秋的母亲，终于望到了生命的界限。

她饱尝了人间辛酸，将三个孩子抚育成人；她善待乡邻，在苇瓦一代有口皆碑；她礼敬三宝，是个最虔诚的佛教信徒；她救济那些在自然灾害中流浪的难民，不遗余力，不求回报。

最重要的是，她如此完美地为乌斯藏苍生养育了一个超拔卓群的圣者。

如今，在走完了波澜不惊却又堪称伟大的一生后，她靠在阳光下的木椅上，一如往常，宁静而满足。

老树透过大地，将它深沉的脉络蔓延开去，凡雨水处，皆有新芽。生命在这种滋润中缓慢又盎然地轮回着，一如她心底深藏的信念。

那便是善。

有了它，这世间万物方能生生不息。

"加嘎拉姆，且返回莲花界去吧！你的来生将被幸福环绕，永远安宁满足。"在朦胧之时，听到虚空中传来一个声音，加嘎拉姆的灵魂不由自主地飘了起来，越飞越高。天空洒下花雨，四地弥漫着沁人心脾的香气。她在一片欣欣然中朝下望去，只见尊珠桑格正以毗卢七法[①]静坐，为自己念经祈福。他将自己留下的灵骨一一加持，放入一座宝塔。这座塔霎时光芒大盛，宛如须弥山顶的佛光。

"阿妈……"蔚蓝的苍穹下，尊珠桑格仰望着那道光芒，独自喃喃。

[①] 毗卢七法：佛教所传的一种打坐方式：两足跏趺、手结定印、脊椎正直、颈部微俯、肩臂后张、眼觑鼻尖、舌尖抵上腭。

第七章　朝圣与渡河

踏冰行走的怪人

雪，不知何时开始下的，纷纷扬扬，宛如明丽的银色花朵，半日便掩盖了道路。

暮色下，雪地中隐隐现出两个艰难前行的影子，他们披着白色僧衣，瞧着应是萨迦寺的两位修行者。

走着走着，他们忽然停了脚步，一齐愣住。记忆中面前该是滚滚奔腾的雅鲁藏布江，此时却成了一条冰河！

走近瞧来，河面覆盖着薄薄的冰层，显是刚冻住不久，还不能踏足。冰上尚有一尾木舟，被牢牢困在岸边。四下一眼望不到人烟，也不知摆渡人现在何处。

"真是糟糕……"一个僧人望着眼前结了冰的大河，沮丧地抱怨着，"好巧不巧，偏偏在咱们去拉萨朝圣这当口下了雪，这下可不知要延误多久了。"

"师兄，师尊说了，只要咱们诚心诚意，必然能够实现心愿。"

"达瓦师弟，可是现在咱们被困住了呀！要等河水完全冻上，至少也要三四天时间，这荒郊野地，咱们又上哪里去过夜？"那僧人急道，"我看我们还是赶紧祷告拜佛，祈求他老人家显灵吧！"说罢，真的念起经来。

"唉……你真是有些痴气，索性就陪你一起念念经吧。"达瓦只得跟着一起祷告。

第二部　游侠·修善　另一种摆渡者

大风吹起他们的僧袍，达瓦微微一颤，借着皎洁的月色，好像看到了前方闪现出一抹光影。

"师兄，你看那是……"达瓦忽然睁大眼睛，露出不可置信的神情，伸手指向东边不远的冰面。如果没有眼花的话，那冰上闪动着的影子，赫然是一位行走的旅人！

难道真的是神佛显灵了？

"过去看看！"师兄弟不约而同地踏着雪朝影子跑去，走近一看，果真是个人。他穿着灰色袈裟，头戴一顶白僧帽，走在平展的河道上，宛如天神般踏冰而行。他脚步扎实，踏踏有声，却仿佛没有一点重量，竟未破一处冰面。

真是个不可思议的奇人！

那奇人察觉到了河这边的动静，便停止了前进，一步步朝他们走来。

他宽大的帽檐挡住了面容，配以伟岸的身躯，更显得如金刚般威风凛凛，达瓦恭恭敬敬地问道："您……您是神佛吗？"

奇人呵呵一笑，将僧帽兜头取下，露出一张大约四五十岁的沧桑面容，这张面孔不仅不古怪，而且十分慈祥平和，无形之中给人的内心带来温暖。他朝两位僧人挥了挥手，爽朗地回答道："和你们一样，都是去拉萨朝圣的佛徒！"

"您绝不是普通人，要不怎么能在冰上行走？"瞧见对方长相，达瓦内心安定了一些，却又忍不住问着。

那怪人微笑着说："区区小技，何足挂齿？我将你们一道送到对岸吧。"说罢拉住两人的手。

师兄弟感到自己的身子骤然变轻了，他们不由自主地展开脚步，踏上冰面。说来奇怪，脚下那极薄的冰层显得十分稳固，没有一点碎裂的迹象。

"一定是神，一定是……"那师兄眼见到了对岸，嘴里不住地咕哝。达瓦小心地碰了碰他的肩膀，示意对此人不可不敬。谁料那师兄有些呆气，刚到了对岸，也不顾雪地寒冷，便一拜到地："您一定是个大菩萨，请允许我们向您拜上一拜，以表敬意。"

"师兄啊，这位大师分明是人，不是菩萨啊，你快起来吧。"达瓦在身侧小声说。

"你懂什么！"那师兄撇开他相扶的手，叹道，"师弟啊，真正的菩萨，可能经常就在我们身边。我们错过了，就是因为我们没有真正的慈悲心啊。"

达瓦心头一震，这句话如同清风般叩响了他的心扉。他心悦诚服地弯下膝盖，一同膜拜。

"帮助你们的不是我，是你们心中的佛。"在二人顶礼的时候，奇人转过身去，朝着他们顶礼的方向，一起深深鞠躬。

"太谢谢您了！"达瓦同师兄一同合掌道谢，"请允许我们得知您尊贵的名号，我们到了拉萨后，一定为您祈福。"

"我的名号？"奇人埋头思索了一会儿，仿佛在迟疑着，他忽然笑了，"就用昨夜那些空行母为我起的名字吧，就叫'唐东杰布'。"

两人听到这名字，更加恭敬起来。原来，"唐东杰布"在藏语中的意思便是"旷野之王"。他们在心底默默记住了。然而，谁也无法预料的是，这个名字将在未来的十年之内，传遍整个乌斯藏。

"如此，多谢大师，我师兄弟还要赶路，就此别过。"

唐东杰布目送着两人远去了，他独自伫立在岸边，许久许久，仿佛在思索什么。

苦行者之心誓

最近，雅鲁藏布江畔出现了一位避世修行的人，他时常一个人对着天空喃喃自语，或是在冻住的冰面上摆了朵玛，祭拜神佛。如若遇到过路的旅人，他便出手相助，帮他们渡过冰河。等到人家问他姓名的时候，均得到了一致的回答：唐东杰布。

这位名为唐东杰布的圣者，便是尊珠桑格。

阿妈去世后，尊珠桑格替阿爸担起了家务。又过了一年，他将这些事务委托给了一位叫作仁宗的忠实管家处理，自己便启程前往拉萨朝圣。

行走到雅鲁藏布江边时，江上已经结了冰。尊珠桑格正要渡江，一群驾着祥云的空行母突然降临。她们根据尊珠桑格内、外、密三性特征，给他取了"唐东杰布"的名字，并请求在渡口停留一个月，帮助过往的路人。等到一月期满，众空行母驾着祥云回到莲花界。她们用无上的法力为尊珠桑格祈祷，以至连地上的百姓都听到了。

唐东杰布饱尝艰辛，在雅鲁藏布江畔修行了两个月，体魄更加强健，心志也更加坚定。一切都是顺利的。这个将近五十岁的修行者，须发和眉毛仍旧没有一点泛白的痕迹，从那双炯炯有神的眸子中看，他像是一位不到四十岁的壮年人。

从整个人的精、气、神中可以看出，这位潜心修行的喇嘛已经初证大道。

然而，修行者的道路并非一帆风顺，往往伴随着世人的误解与冷眼。正当唐东杰布启程前往拉萨追寻他求佛旅程的下一站时，一场巧遇让他脱胎换骨。

那是距离拉萨二十多里地的一处荒原，唐东杰布遇到了一位老乞丐，恰巧也是去拉萨朝圣，唐东杰布便希望与他同行。一路上，这位乞丐不吃不喝，却不住地对唐东杰布讲经。这些经文饱含着前所未闻的大智慧，让唐东杰布大为惊讶。他没有想到，一位衣衫褴褛的乞丐，竟然深藏深厚渊博的佛法。

"是否已了解其中的奥妙？"

"大师所言，极为深奥，小僧一知半解，尚未完全领悟。"

冬日的阳光温柔而和煦，透着淡淡的冷色，扬扬洒洒地在地平线上展开。唐东杰布与乞丐坐在一棵落满白雪的枯树下，沉醉在深奥的经义中，渐渐忘记了时间。等到他将最后一部经听完，心满意足地闭目回味时，乞丐的声音再度在心底响起。

"这些经文，你可理解了？"

"已经理解大半。有少许不解之处，假以时日，定能悟透。"唐东杰布满足而自信，谁知那乞丐却有所质疑："真的理解了？"

"确实理解了，多谢大师讲经说法，对唐东杰布大有臂助。"

"世人若不信你，对你充耳不闻，即便你有无边佛法，又能奈何？"

"此事不难。"唐东杰布闭目凝神，平静地阐释道，"我发愿要以佛法度世人，若世人不信我，误认我为狂僧，我便稍显神迹，让彼心悦诚服。"

唐东杰布以往便是这样做的，他自小得到上天的眷顾，有无方妙力。年轻时他赶着驴子过河，船夫不愿载他，他就双手托着驴子跳到船中，朝对岸摆出一个德卒手势，船便急速朝对岸驶去。前往阿里地区做生意时，商队遭遇雪暴，他一个人挺立在雪中，以神力保护车队，众人都敬佩不已。他深信，行善便是行善，无须考虑他人的误解，那些微弱的误解对自己根本不能构成伤害。

乞丐长叹一声："心境未到，还须修炼。"之后便没了声音。唐东杰布睁开眼睛，却瞧不见乞丐的影子。银白色的荒原上空空荡荡，连半个脚印也没有。

他愣了愣神，不再刻意去想那个乞丐，继续朝前走去。

天色渐渐转黑，唐东杰布走了两个多时辰，投了一处寺庙休息。寺中喇嘛将他安顿在一处小屋，旋即告辞而去。夜深了，风从开着的窗子漏入，壁间传出沙沙的响声。唐东杰布还没睡着，忽然瞧见墙缝中有一点亮光，他站起身，伸手摸索过去，在墙缝中竟找到一卷古老的书轴。

大风起，树影婆娑摇动。寺内忽然传出一声惊叫，紧接着传来喇嘛们的走动声。他侧耳倾听，只听那些人在说什么："经书丢了，经书丢了！"屋外随即响起杂乱的脚步声，门被"砰"的一声撞开，明晃晃的火烛照在唐东杰布身上，几个喇嘛横眉怒目："你这贼僧，我们好心收留你，你竟偷了活佛珍藏的经书！"

唐东杰布并不惊慌，奇道："我足不出户，你们怎么知道是我偷的？"

"方才有个老乞丐发誓咬定是你，你手里拿的是什么？"一个喇嘛抢步上前，劈手夺过唐东杰布手握的书轴，众人借着火光打开来看，果然是寺内珍藏的古卷。

喇嘛们气愤不已，朝唐东杰布挥起棍棒就打。唐东杰布心中冷笑：原来是一伙栽赃陷害的恶僧。他不欲分辩，奋起神力，便要破门离去。谁知那棍棒打在身上，竟然将唐东杰布扫倒在地，仿佛中了邪似的，他突然失去力量，被一众喇嘛围住殴打起来。

唐东杰布被痛打了一顿，又被赶出寺庙。那天晚上，他睡在一座桥上，第二天一早，来河边取水的人们发现了他，都同情地说："有个疯子睡在这儿，看他鼻青脸肿，一定是做了什么亏心事，被人责打一顿，真是可怜啊。"

唐东杰布听了，心中很不是滋味。他想奋力站起，却一点力气都没有。这感觉于他来说可谓前所未遇，唐东杰布心中生出一丝黯然："难道是我不经意间得罪了神佛，遭到了上天的惩罚？"

一个流浪艺人恰好路过，看他可怜，便扶起他，给他分了一些食物和水。唐东杰布精神稍微好了些，向对方道谢。那艺人道："你这喇嘛，究竟犯了什么错，被人打得这样惨？"唐东杰布摇了摇手，表示自己并未做什么亏心事。那艺人却不相信，只是摇头，一边走一边叹着气，似乎这样的人他见得多了，既是可怜，又是可悲。

唐东杰布目送他离去，第一次无力地发现自己并不能改变他人的看法。他呆坐了许久，不管路人看自己怪异的眼神。雪轻轻洒落，嘈杂喧嚣的世界渐渐变得安静而孤独，昨日那个老乞丐的话又一次浮现在心底。

"心境未到，还须修炼。"

"神迹乃上苍之恩惠，不能轻易显露，不能无节制滥用，更多的时候，排忧解难，需要靠自己。"老乞丐不知在何时接近，这段话如醍醐灌顶，在唐东杰布本已光滑洁净的内心中又开辟出一道清泉。他毅然停止向拉萨前进，在这里住了下来，发誓踏踏实实地用善行改变世人。

匍匐在大昭寺脚下

唐东杰布又用了七个月的时间，禅居在通往拉萨道路上的一处修行洞中，思考了自己的不足。七个月后，他功德圆满，继续朝拉萨走去。当他得知一处叫基瓦拉的地方曾有一位培育过许多活佛的大尊者尊普时，便慕名前往。尊普见到他便问："请问您的姓名。"唐东杰布如实相告，对于他在这一带行善的名声，尊普早有耳闻，双方握手热情寒暄后，便开始互相传经说法。

尊普座下有一名天资聪颖的弟子，他听说唐东杰布的名声，不禁动了与之比试的念头。但是唐东杰布却婉言谢绝了，并表示希望从他口中得到教益。这位弟子得意扬扬地将平生所学一一讲出，只见对方聚精会神地听着，心中更加得意了。此时恰好尊普走了进来，说道："你在对唐东杰布讲些什么啊，这些经义他前些日子早就对我讲过了。"那位弟子很是难堪。唐东杰布却道："虽然是一样的经文，但每个人的理解不同，从这位喇嘛的讲述中我也得到了启发。"感受到唐东杰布如此豁达的胸襟，尊普的弟子心悦诚服。

数月后，唐东杰布告别尊普，离开基瓦拉，前往拉萨，途经达拉白山顶时，碰到从萨迦寺出发，要到拉萨朝圣的七千名流浪艺人。唐东杰布便与他们结伴而行。路上，这些流浪艺人时而载歌载舞，时而听唐东杰布讲经说法。人们纷纷议论道："这位避世修行的圣者非同一般，听到他讲经，心中就有一股说不出的安宁，旅途的疲惫和世上的烦恼仿佛都消失了。"有人附和道："不错，唐东杰布讲的经，总能贴近咱们的生活，简单易懂，又包含着大道理。"

当唐东杰布来到拉萨近郊的柳梧乡①时，看到了几个去拉萨朝圣的百姓。他们双手绑着两块木板，身子向前扑在路上，匍匐前进。每走一步，双手便举

---

① 柳梧乡：今拉萨市堆龙德庆区辖乡。

过头顶相互拍击，然后下蹲，身子向前扑倒，两手也尽量往前伸直，然后将两手收到胸前支撑着站起来。如此往复，极尽虔诚。唐东杰布心中默想："这些百姓不知从哪里来，也不知一路磕了多少长头。他们如此虔诚，希望莲花佛能保佑他们实现心愿。"

这天中午，唐东杰布走进拉萨，穿过飘着经幡的民居，来到了神圣壮观的大昭寺。这座恢宏的寺庙乃是松赞干布时期所建，几百年来，它承载着藏族人民庄重的宗教热情，成了人们心中最神圣的拜佛场所。在寺门前的广场上，数以千计的转经者、朝拜者、流浪艺人神色肃然，或跪拜，或祷告，或磕着等身的长头。也有盘坐于地的乞讨者，他们大多是老人和孩子，身前摆着一只简陋的木碗。人们路过时，大多会慷慨解囊。他们也并未感激涕零，无人给钱时也不会主动开口。讨来的钱，除了日常吃食外，都会捐给附近的寺庙。乌斯藏百姓敬佛礼佛，纯粹发自内心，施舍者不求回报，受惠者也心安理得。来到这周身散发着光辉的佛门圣地，每一个人都怀揣着赤诚之心，宁静地超脱着自己。广场上虽然人头攒动，却是秩序井然，一切都像水一样自然流动。

唐东杰布置身其间，如沐春风。他匍匐在地，恭恭敬敬地朝着寺门磕了九个长头。接着，他踏入寺门，来到一处天井院。院落东侧有数排酥油灯，虽然是白天，它们却是长明不灭。唐东杰布一步一步顺路走去，每一个深沉的脚印，似乎都踏过了一段旧日时光。

在这条路的尽头，便是主殿的正门。唐东杰布在门口遇到几位远道而来的内地人。此时天空飘起了雪花，几位内地人拉拢了帽檐，微笑着朝唐东杰布打了个手势。他们一起走入门内，朝着寺中心的释迦牟尼殿走去。这里珍藏着由文成公主带入乌斯藏的金质释迦牟尼等身像。唐东杰布与几位内地信徒一起顶礼膜拜。这时，从释迦牟尼像中散发出了五色神光，神像用深沉的声音说道："三时行大业的莲花佛意转世唐东杰布啊，将来你的美名将被这些朋友带到内地，传扬四方。为了使百姓们幸福安泰，你要修造佛塔，还要造船架桥。"看到如此神迹，内地来的人们都被震动了。他们一齐看向唐东杰布，对他顶礼膜拜。唐东杰布却是宠辱不惊，恭敬地向众人还了礼，并用转经的方式，表达了自己遵从释迦牟尼佛的决心。

不能忘却的重任

离开拉萨后，唐东杰布仅用七天时间就回到了家乡苇瓦。

唐东杰布听说屯益坚赞活佛已经结束了在扎桑日山的修行，回到贡棒寺，便赶往那里，去拜访这位昔日的恩师。屯益坚赞活佛已经很苍老了，身体也不如从前硬朗，但一见到唐东杰布前来，他便容光焕发，脸上散出慈祥而热切的温暖。

唐东杰布小心翼翼地搀扶着师尊，沐浴着星光，沿着院墙散步。在他心目中，没有谁比屯益坚赞活佛更为重要。即便莲花生大师亲临人间，或观音菩萨为救度众生而来，只要屯益坚赞活佛在他身边，他便不会抛却一切去追随他们。这么说并非对诸位神佛不敬，只是因为在他心中，老师与诸神佛、菩萨已经相合如一，就好似天空中明亮的月牙，会在镜子中、潭水中、池塘中、大江大河中倒映出诸般不同的影像，但月亮仍旧只有一个。看到池塘中的它，便会想起大江大河中的它。世间一切，都是佛心万象的写照吧。

不知不觉间，屯益坚赞活佛已经年过八旬。看着寺门口那株熟悉的老树，唐东杰布不禁感叹：年少时自己忍受不了曲琼白娃活佛的奚落，一气之下跑出修行的寺庙，冒着大雨来贡棒寺求师尊评理。师尊没有见他，他在这树下禅坐了整整一夜。天明时候，寺内小沙弥推开门，赠给自己的是一袭洁净干爽的僧衣。

"师尊吩咐，请你换了衣裳再走吧，前面的路还很长。"

来似飞鸿别有信，逝如轻梦了无痕。这三十余年的日日夜夜宛如易逝的流水，在心头惊鸿照影般印下淡淡的湿痕。

"唐东杰布，一定要多想想乌斯藏受苦受难的百姓啊！"屯益坚赞活佛步履蹒跚，却仍旧对众生念念不忘。唐东杰布看着他伛偻的身子，眼睛有些潮湿："师尊，您放心，我一定将余生献给众生，为他们奔走祈福。"

"你已修行完善，是时候走进众生之间，帮助他们了。"活佛慈祥地握着唐东杰布的手，字字扣心，"你阿妈加嘎拉姆还在世的时候，多次对我发愿，希望你将来成为一个普度众生的圣者，这些年看着你成长，我是既欣慰，又忧心。"

"师尊……"

"唐东杰布啊，你的担子很重。"屯益坚赞活佛白眉一挑，看向朗照的晚月，继续说，"凡是月光照耀的地方，都有同胞受苦，你要记着，你要记着啊……"

"是！"唐东杰布肃容。

依依不舍地辞别师尊后，唐东杰布意外地收到附近几位乡亲催债的消息。原来阿妈加嘎拉姆还在世时，因为乐善好施，曾向别人借过一些钱财。唐东杰布心想，虽然为百姓奔走的重任刻不容缓，但是信守诺言还清债务，也必然是阿妈在天之灵希望看到的。

这年家乡粮食丰产，唐东杰布收获了许多青稞。他将这些青稞换成黄金和盐巴，赶着四头驴子和乡亲们到乌斯藏东部做生意去了。"这也许是我最后一次经商了吧。"唐东杰布暗想，等还清了阿妈的债务，就是他全心全意为众生讲经行善的时候了。

当他们途经益布齐渡口时，因渡船费与船夫发生了冲突。船夫仗势欺人，漫天要价，令人气恼。唐东杰布便叫乡亲们去找当地头人评理，自己留下来看守货物。正当他禅坐时，莲花生大师坐着一朵彩云从天空中飞过，他马上向莲花生磕头祈祷。刚才还气呼呼的船夫也惊呆了，当即放下隔阂，追随唐东杰布一起顶礼膜拜。莲花生大师向船夫传音道："这位唐东杰布是我的意转世，他承担着为众生行善业的使命，你不要为难他，索取正常的船费后，你们就讲和吧。"

当同伴领着头人返回，准备评理时，意外地发现船夫同唐东杰布坐在一起，满面虔诚地聆听他讲经说法。于是，双方言归于好，一起渡河去了。

河北岸有一座蝎子形的大山，名为董岫山。山腰上，许多修行者正在修习。这座山的姿态同尼泊尔大智者达玛哈布提当年向唐东杰布提到的大山一模一样。唐东杰布在山下默默祷告，发愿以后一定要在此修建一座佛塔。他还将董岫山改了名字，叫作白日乌齐，仿佛是未来重返此地、作为一番的伏笔。

回到苇瓦后，唐东杰布偿还了阿妈生前的债务。现在，他已了无牵挂，是全心全意为众生行善事的时候了。

第八章　莲花光明宫的喜宴

这不是一步一步在往地狱走吗

乌斯藏地区山地较多，交通极不发达，恶劣的环境大大制约了不同地区人员、物资的相互流动。唐东杰布认为，要为百姓做切实的善事，首先就要从修建铁桥做起。

建设铁桥需要巨额的资金，这对于一个无权无势的普通喇嘛来说是个巨大的难题。唐东杰布用了整整一年的时间云游乌斯藏，访求支持者。

唐东杰布先是在日喀则一带讲经说法，得到了当地活佛的支持。由于他不辞辛劳，深入到每家每户之中传法，受到了百姓的爱戴。四个月下来，虽然没有募集到多少钱财，但唐东杰布的名声已经传遍日喀则。

在前往基冲的路上，他恰巧遇到三匹狼在路旁围住一个商人。唐东杰布上前，以六字真言替商人解了围。说来奇怪，三匹狼见到这位五十多岁的避世修行者，起初还想行凶，但听到他口吐真言后便嗷呜几声，乖乖地像小狗一样蹲坐在地。

正当唐东杰布为三只畜生讲经时，几个猎人拿着弓箭，大呼小叫地赶了过来，领头者便是方才遇险的商人。唐东杰布大惊，起身道："这几只畜生已经弃恶从善，皈依我佛了，请不要射杀它们。"谁知那些人仍不管不顾地对着狼射箭。唐东杰布无奈，一挥手，三匹狼飞也似的钻入路边的草丛中去了。商人和猎人们围住唐东杰布，大声责备他。唐东杰布叹道："畜生尚且知道改过从善，你们看到它们恭敬地听经，还这样恶毒地赶尽杀绝，这不是一步一步在往阿鼻地狱①走吗？"

走到离基冲不远的一处寺庙时，唐东杰布看到几个喇嘛围坐在一起，正百无聊赖地念经。虽然他们每句话都不离开佛法，但唐东杰布从他们的眼神和念经状态中就足以洞悉，这几个喇嘛根本心不在焉。他们只是对经文毫无意义地重复，聊以度日罢了。唐东杰布心想：修学佛法不是为了凑热闹，也不是为了敷衍了事，更不是为了消磨时间，念经时如果不能有所感悟，那和不念毫无区别。一个修行者无论穿着多么讲究，神色多么庄重，诵经声多么嘹亮，如没有怀着一颗虔诚向佛的心，想得到顿悟是完全不可能的。唐东杰布走过去，好意为他们指出了谬误。不料，这几个喇嘛不但不醒悟，反而嘲笑道："这是哪里来的狂僧，咱们念的经文，他怕是根本没有听懂吧。"

唐东杰布无奈地离去了。他深感沦陷在黑暗混沌中的生灵仍然很多，亟须佛法的开导和救赎。可悲之处在于，很多人拒绝接受他人的意见，想要扭转他们顽固不化的内心，非要有长久的耐心不可。

行至基冲时，天色已晚。唐东杰布独自前往镇中心一处释迦牟尼像前祷告，为处于灾难中的西藏众生祈福、转经。当转到第二轮时，一位耄耋老妪瞧见了他的身影。

唐东杰布同她攀谈后得知，这位老人年轻时曾经为了丈夫造下很大的罪业，年迈体衰时又被暴躁的丈夫赶出家门，流落街头。她一路讨饭来到基冲，为了忏悔消灾，希望能有一位得道活佛替自己灌顶祈福。唐东杰布暗自讶然，他知道自己前世与这位老太太有缘，便问道："老人家，你崇拜的活佛是哪一位？"

老人道："我崇拜的活佛在日喀则一带活动，我怕是没福气见到他了。"唐东杰布问道："他叫什么名字？"老太太叹了口气："那位活佛叫作唐东杰

---

① 阿鼻地狱：阿鼻是梵语的音译，意译为"无间"，即痛苦无有间断之意。佛教认为，人在生前做了坏事，死后要堕入地狱，其中造"十不善业"重罪者，要在阿鼻地狱中永受苦难。

布,有人说他是个避世修行的疯子,但日喀则的许多百姓都传扬他的善名,我曾听人转述过他讲经的场面,十分向往。我一直希望能在死前见上这位活佛一面,可惜怕是见不到了。"

唐东杰布微微一笑,道:"可惜这里只有我这样不成器的喇嘛,您不介意的话,我就冒昧替那位活佛给您讲讲经,祈祈福吧。"老人欣然同意。唐东杰布对她讲起易于理解的《喇嘛瑜伽经》,还将自己到印度学法时深有感悟的释迦牟尼的祈祷经《卓堆阿玛》简述出来。此时此刻,在老人眼中,唐东杰布周身都环绕着彩虹般的光辉,好像是救世救民的莲花生大师。她心满意足地想:即便是那位大活佛唐东杰布亲自讲经,也绝不会比眼前的这位喇嘛讲得更好了。

同渡一艘船何其不易

经历了为期一年的云游后，唐东杰布深感传扬佛法的不易。特别是许多顽固不化的人，需要长久的耐心和时间才能感化。他决心招收弟子，不再单单靠自己一人了。恰在此时，象征着智慧的空行母驾着祥云飞来，邀请他到莲花生大师的居住地——印度的省嘎啦作客。

唐东杰布便暂时推迟了招收门徒的计划。他翻越喜马拉雅山，经过乌斯藏南部的门隅地区①，向西南方前进。在距离省嘎啦不远处，他在禅坐时偶得一梦。梦中，一个罗刹女拦住了他的去路。罗刹女乃印度神话中的恶魔，虽然体态妖艳，却以人肉为食，十分凶恶。唐东杰布心想：这不就是魔障吗？外魔时时会出现在人们的修行中，既是一种侵犯，又是一种考验。譬如佛祖释迦牟尼在成正果的一瞬间，魔王波旬等一切外魔给他制造了巨大的魔障，但由于释迦牟尼镜心空明，一切魔障都化作随风飘散的花朵，丝毫无害。唐东杰布认为罗刹女的出现是对自己的一种警示，看来自己的功德还不圆满，如果不能勤奋修持的话，很容易陷入这些幻化而来的噩梦中。

在梦中，唐东杰布用幻术满足了罗刹女的贪欲，并悉心劝服她转恶从善，醒来时已是正午了。在省嘎啦南方二十多里的海边，唐东杰布遇到了一群去海洋寻宝的异国商人。印度的夏天炎热异常，豆大的汗珠从他额头洒下，坠入泥土，顷刻便蒸发无形。唐东杰布上前施礼并恳求一囊水喝。

这群商人见到这位穿得破破烂烂的异国瑜伽，非但没有嫌弃，反而十分慷

---

① 门隅地区：位于西藏山南地区南部，喜马拉雅山东南，是门巴族的主要聚居区。

慨地解囊相助。唐东杰布忆起从前在仁钦顶那位总与自己格格不入的守财奴格桑平措，暗想：富人并非都是坏人，穷人也并非都是好人。一个人的善恶，全在他是否诚心诚意地接受佛法的洗礼，只要心诚，人人皆可成佛。

唐东杰布向商人们致谢后，又问道："我可以搭上你们的船吗？"商人们问道："我们是出海寻宝的，你是做什么的？"唐东杰布说："我要到海洋西南方的莲花生大师所居地取经。"商人们都十分诧异，私下议论："通往莲花生大师居所的海洋上有许多可怕的罗刹和鲨鱼，虽然这位瑜伽看似有些修持，恐怕还是很难通过的。"他们准备婉拒唐东杰布的请求，谁知智慧空行母突然出现在众人心中，用梵语说道："这是来自乌斯藏的大尊者唐东杰布，他是为众生行大业而来，你们不得拒绝他的请求，快快助他实现愿望吧。"商人们由此对唐东杰布刮目相看，并答应带他同行。

湛蓝的海洋一望无际，在这苍茫的世界中，海天何其宽广，而人类又是何其渺小。唐东杰布乘坐着印度帆船，心绪如浪涛般此起彼伏。时光荏苒，转眼自己已是五十余岁的人了，普度众生的大业却还未开始。真不知道神佛们留给自己的时日还有多少，可不要太短才好。

"这位瑜伽，您在想些什么？"一位衣饰华贵的商人握着一囊美酒走来，同他一起立在船舷边。唐东杰布淡笑着："我在感叹光阴走得太快，很多事情都来不及做完。"那位商人咕咚咕咚喝了一大口酒，爽朗一笑，说道："尊敬的瑜伽啊，您知道我们每次出海寻宝，要花费多长时间吗？"

唐东杰布饶有兴趣地问道："多久？"

"少则一年，多则五年、十年。有些人运气不好，一辈子也找不到宝贝。"商人又喝了一口酒，微醉着倚靠栏杆，"这茫茫大海，浩渺无边，谁知道仙山宝藏又在哪里？一切都是未知的，出去一次，何年何月回来都说不定，也许一辈子就漂流在海上了。所以我们出海的人，最忌讳的便是心急。那些日日忧心光阴流逝，来不及寻找宝贝的人，往往心浮气躁，最后一无所获。反而是那些告诉自己'寻宝的路还很长，急不得'的人，最终才能满载而归。"

唐东杰布听罢深有领悟。这位异域商人见识不凡，又同他讲述了许多海外的风土人情和神话传说。就在这让人神气爽朗的旅程中，唐东杰布不知不觉度过了九天。

第十日，海面刮起了大风，虽然几艘印度帆船都是精打细造，耐得住狂风的侵袭，但也飘摇不定，几现险情。唐东杰布走向船头，盘膝坐地，对着乌云密布的天空大声祷告。顷刻，一条海龙带着无数鱼虾浮出海面，向唐东杰布致敬。它们顺着洋流，簇拥着唐东杰布的坐船平稳抵达了莲花生大师居住的海岛。

拜见莲花生大师

辞别了好心的商人,唐东杰布便踏上了这座海外仙岛。海岛不大,一眼可以望见边际,但岛上的景致美轮美奂,醉人心神。海岸边飞翔着许多鱼鹰,岛内的椰子树枝繁叶茂,树林内栖息着许多孔雀和白鲣鸟。一些豹子、熊和猩猩互相嬉闹,它们的一举一动充满了佛性,不但不伤害其他动物,还与它们友爱有加。当唐东杰布徜徉在这片大自然的精粹之境时,智慧空行母带着许多灵童来迎接他。

互相见礼后,唐东杰布乘坐着空行母的祥云,赶往莲花生大师的寺庙。途中他们经过了一处幻境。在这个幻境中,各种痛苦忧愁都不会压迫身心。然而苦因虽尽,乐业未至,一切正是在苦与乐交界处的徘徊之中。智慧空行母问道:"唐东杰布,身处此境,你的感受如何?"唐东杰布微笑道:"苦与乐看似互相格格不入,但又可随时相互转化。两者都是人心生出的欲望,作为修行者,必须懂得舍弃欲念,才能达到镜心通明的圆满境界。"

智慧空行母对唐东杰布的悟性十分赞许,他们一同来到了海岛东南方的目的地。唐东杰布惊奇地发现,眼前莲花生大师居住的寺庙,竟然是由红宝石和琉璃雕制而成。寺门供奉有无量光佛和观音佛,院墙上陈列着各种大乘经书。每一部都奥义非凡,让唐东杰布流连忘返。寺正中的大殿上散发着莲花的纯净白光,宫殿正中一座莲台上,坐着一位威严又和蔼的人,他身穿太阳纹饰的锦缎,正是莲花生大师在这一界的化身。

唐东杰布走上前去,磕头祈祷,得到了莲花生大师的加持和祝福,并聆听他讲解了《羊尼昨巴经》[①]。许多高僧与灵童肃立在殿旁一同听经,在这样肃

[①]《羊尼昨巴经》:《大圆胜经》的精华部分。

穆庄严的气氛里，唐东杰布感到醍醐灌顶般的明悟。

接着，莲花生大师在这里举办了盛大的素斋宴，四位空行母拨动着琴弦，吟唱着悦耳动听的神曲。唐东杰布沉醉其中，甚至分不清是虚幻还是现实。一片欢乐温馨的气氛萦绕着整个岛屿。

宴会间隙，莲花生大师对他低声嘱咐道："日后乌斯藏、蒙古有一劫数，在两族交界处，会有一场因开采金矿而发生的争斗，那时兵祸连结，对于乌斯藏百姓来说便是灭顶之灾。"

唐东杰布大惊失色，道："您既然已经预料到了这件事，可有什么补救措施吗？"莲花生大师道："为了藏蒙两族人民的幸福和睦，你必须在藏历第八饶迥土龙年（1448年）夏季的头一个月，到藏蒙交界的地方，把我过去修建的一座麦杂塔修缮一新。"唐东杰布点了点头，将此事铭记于心。

身处仙境一般的海岛上，时间显得那样短暂。宴会上的诸般仙佛人物，一言一行都充满了禅理之妙悟。正是宾客尽兴，主人欢颜，不觉日已西沉。莲花生大师笑道："虽然还想请你在岛上禅居一段时间，但你身负行善之大业，该是回去的时候了。"众佛起身相送，依依不舍。唐东杰布合掌道："今番良晤，意兴不浅，待来日唐东杰布完成善业后，再来与诸位一同读经礼佛。"

莲花生大师命智慧空行母驾着祥云，将唐东杰布一路送回了省嘎啦。

在省嘎啦的集市上，唐东杰布绕着释迦牟尼像转了经，又到大街小巷中求经学法。当地人十分尊敬他，赠给他许多印度佛教的经书。唐东杰布又拜访了当地有名的瑜伽波罗尼尔，向他听取了大乘佛教中有关《大日经》①的经典演说。

就在唐东杰布专心学法时，天色渐暗，从海面卷来一团黑云，暴风雨降临在这座古老的小镇上。唐东杰布借宿在波罗尼尔家中。当晚，这位避世的瑜伽静静地立在屋檐下，遥望着故乡的方向，一颗心已经飘向彼处。

---

①《大日经》：密宗经典，该经由毗卢遮那佛大日如来说法，论述了一切众生本有清净菩提心，可以通过修证悟入"三密"法门的观点。

放歌高唱是为众生

带着莲花生大师的祝福和意旨，唐东杰布回到家乡仁钦顶，开始传法收徒。虽然他的善名已经传扬出去，但很多人仍旧对这位避世瑜伽将信将疑。有一些喇嘛慕名而来，却得知若追随他，便不能像以往那样日日待在寺庙中念经修行，而是要奔走在乌斯藏大地上，身体力行地为众生做善事。这些人心中打起了退堂鼓，仿佛一想到要风餐露宿，吃苦受累，就感到难以忍受。

唐东杰布知道，要调伏这些被蒙蔽了心灵的可怜人，并不是简单的事情。他决心从度化那些最顽固的、陷入贪嗔痴之毒最深的人做起。

他首先想到了仁钦顶一带的大富豪格桑平措。在唐东杰布外出修行的这些年，这位视财如命的老商人通过不断积累，终于成了当地首富。当唐东杰布走到高门大院的格桑家门口时，他正在院内懒洋洋地晒太阳。唐东杰布对他的仆役说："我是修行者唐东杰布，请让我见你家主人一面。"那个仆役知道格桑平措往日对唐东杰布一家嫉妒怨恨，嘟囔道："你来干什么？一定不是什么好事。"说着将对方关在门外。

唐东杰布无奈地摇了摇头。他立在门外，用佛门秘传的狮吼法门，放声高唱起来：

用财富造孽的同胞请听我说，
世间十恶皆是贪欲缘故。
每天清晨用清水涤荡罪恶，
仍不能将满身铜臭洗脱。

> 财富生不带来死不带去，
> 何不将它捐出救赎众生？
> 如果今日仍旧看不破此障，
> 好运便从此与你错过。

唐东杰布经过秘法加持的洪亮歌声在仁钦顶上空飘荡，将家家户户都惊动了。这充满劝诫、教导、关怀的歌声，让格桑平措贪婪的心灵大受震颤，如梦初醒。他唤来仆人问道："门外那位高唱佛歌的圣者，他的言辞充满了慈悲和劝诫，让我对往日所为追悔莫及，不知道这位大活佛究竟是谁？"仆人尴尬道："您还是自己开门去看看吧。"格桑平措推开院门，只见一位浑身散发着金色光芒的高僧立于门外，这正是唐东杰布。

格桑大惊道："尊珠桑格，怎……怎么是你？"唐东杰布道："如今吾名乃是唐东杰布，因受莲花生大师所托，特来度化众生。昔日我们颇有缘分，因而冒昧来访，不知格桑你能否作为我的第一个信徒？"唐东杰布周身散发出的正念真挚诚恳，让格桑平措怨恨顿消，心悦诚服。格桑请唐东杰布进入家中吃了茶，又恳求他为自己加持，并且答应献出二百枚金币。唐东杰布为他灌了顶，并许诺一定将这些金币用于行善。

格桑平措与唐东杰布捐弃前嫌的消息逐渐传扬开来。附近的富豪听说了，都赞叹道："连格桑那样的守财奴都皈依唐东杰布了，看来唐东杰布的确是一位有真才实学的活佛。"富豪们纷纷带着礼物前来拜访，唐东杰布高兴地收下了礼物，并替乌斯藏众生对他们表示感谢。

不久后，唐东杰布到达拉萨，他首先到了大昭寺的释迦牟尼像前，拿出二十一枚金币挂在佛像的脖颈上，又拿出九枚磨成粉，毫不吝惜地洒在大昭寺内诸位神佛的身上。在为佛祖光耀了门楣后，唐东杰布在拉萨八廓街以北的嘎林果喜塔住下，发愿讲经布道，并用富豪们赠给自己的金币周济过往的流浪乞丐和穷人。当时拉萨地区年景欠佳，很多人都食不果腹。唐东杰布的到来，对他们来说无异于雪中送炭。

一年过去了，唐东杰布施舍行善的美名已经传遍拉萨。格桑平措也交上了好运,无论是做生意、种田还是放牧,都顺利稳妥。见此情形,西藏的许多富人打心底里佩服这位活佛。他们暗暗发愿,一旦有机会,一定将财富捐献出来,祈求事业的顺利和心灵的宁静。

在积累了相当的善业和名望后,唐东杰布认为,他招收弟子,为众生建铁桥、修佛塔的时机终于到了。

第三部
匠师·行业　无处不道场

"当我们造福于民的时候,厌烦、悲伤、懒惰都是灾难,说得再好,犹如唱歌,僧人住在山上像野兽,钻进崖洞修行像老鼠。凡是乐于跟随我的人,不要讲究吃和穿,造福于民应身体力行。"

他终于找到了生命的渡口,即要为芸芸众生做点实事。

这是个大刀阔斧的人,誓言一旦立定,便不辞辛劳,奔波行业。向前是辽阔大地,山高水险,交通不便,船夫霸道;往后是广招弟子,探矿打铁,精修匠艺,真诚作为。

很快,拉萨河上架起了坚毅的铁索,雅鲁藏布江畔筑垒了结实的桥墩,一座座佛塔、经坛,连带一尊尊佛像,随各地桥梁应运而生。

直到今天,在藏族人民眼中,这些几经地理运动与光阴淘洗的遗址,依然刻录着"铁桥活佛"的深深印记。

第九章　走在中途的引路人

广收门徒

常言道，一个好汉三个帮。古来成大事者，哪一个不是有贤人辅佐？当唐东杰布踏出庙门，实实在在走上乌斯藏这片广袤土地时，招收徒弟是他成大业所要迈出的第一步。

然而，藏族人是否还记得那个"疯子尊珠"，那个避世的修行者，不为世人所理解的唐东杰布？这一点他毫不担心。是的，世人的冷眼，都只不过是一时的误会。当他在仁钦顶收服迷途的商人，在雅鲁藏布江边帮助欲渡的旅人，当他在大昭寺中讲经布道，为乌斯藏百姓的幸福虔诚祷告时，他的一举一动，一言一行，都牢牢印在了众生心底。

带着自信与善名，唐东杰布首先来到叶巴地方。他没有急于招收徒弟，而是先在这里云游了数月。当充分了解当地人的生活后，他来到当地的寺庙纳拉对巴寺，看见一位格西正在修习。

唐东杰布与他素不相识，但只是一照面，便在这个年轻人身上看到了叶巴人那种坚定不移的劲头。两人只是简单交流，并未多谈，格西便将唐东杰布迎入大殿去了。

"这不是那个狂傲的喇嘛唐东杰布吗？我们倒要听听他究竟懂得什么。"喇嘛们议论纷纷。唐东杰布花了三天时间，与寺内的喇嘛谈论佛法。这些佛法都是他五十岁后饱经患难领悟到的，与普通经文相比，概念、意旨、含义皆有不同。喇嘛们听得如痴如醉，但大多只是一知半解，并不能完全理解其中的妙处。唯有起初遇到的那位格西聚精会神,脸上没有丝毫迷惘之色。

三日之后,唐东杰布在众位喇嘛面前对那位格西说:"如果你愿意的话,我想收你做我的徒弟,取名为阿里巴。"见他如此直白,大家都很吃惊,有的喇嘛嘲笑道:"唐东杰布仗着自己有点名气,就想收别人做徒弟,真是不知天高地厚啊。"只有那位格西明白唐东杰布的高深所在,立即向他叩头拜师。喇嘛们更加不明就里,眼睁睁地看着阿里巴追随这位刚结识三天的师父离开了寺庙。

儿时的一位伙伴听说了唐东杰布的事迹后,将自己不到二十岁的小儿子丹巴索朗送到叶巴,请唐东杰布收其为徒。看到小索朗聪明伶俐,唐东杰布欣然道:"如果你乐意的话,我想请你做我的测量员,取名喇嘛洛扎。"少年深感荣幸。

唐东杰布在拉萨时,曾结识一位精明的管家,名叫志玛泽巴。听说唐东杰布收徒的消息,泽巴便辞掉工作,从拉萨风尘仆仆而来。有人嘲笑他道:"你浑身散发着金币的臭味儿,我瞧唐东杰布是不会收你的。"唐东杰布却并不计较,说道:"金钱难道就是十恶不赦的东西吗?要看将它用在何处。"他很看重志玛泽巴一心向佛的诚意,便收其为徒,让他管理今后收到的所有布施财物。

慕名而来的不仅有后生晚辈和凡尘中人,就连与唐东杰布年岁相仿又颇具盛名的喇嘛也甘愿追随于他。这是日喀则一带名叫思朗降措的高僧,他的到来在众人之中引起了争议。有人不解他这般行事,思朗降措笑道:"领悟佛法,靠的是悟性和心境,同年龄和名气没有丝毫关系。在这方面,汤东喇嘛便是我的老师。"这种虚怀若谷的心境让唐东杰布十分敬佩。他热情地接待了思朗降措,并毫不避讳地收其为徒,请思朗降措负责引导新入门的弟子。

桃李不言,下自成蹊。不出一月,唐东杰布的身边便聚集了二十多人。他并不急于架桥,而是悉心地指点弟子们日常的课业修行。日子长了,有几位弟子心性焦躁,问道:"师尊,您不是说要带着我们行大业吗,怎么还不出发?而且我们只有这么一点人,将来又能做得了什么?"唐东杰布正色道:"别看你们只有二十多人,但将来都会是我成就大业的根基。请大家务必耐得住寂寞,勤勉修行,虽然现在清闲无事,但将来为众生行善事的担子,终究要落在你们身上。"

追随我，不如追随我佛

一日，有几位商人风尘仆仆地来到叶巴地区，兴致勃勃地求见唐东杰布，希望能做他的徒弟。他们携带了大量金币、玉石、珠宝作为见面礼，不料却吃了个闭门羹。商人不解，于是一起长跪于门外，唐东杰布最小的徒弟喇嘛洛扎心中不忍，便对师父说："他们不远千里前来求见，您就见他们一面吧。"唐东杰布想了想，终于答应。

刚见面，唐东杰布就毫不客气地问道："你们如此坚定地要拜我为师，到底想求什么？"几位商人回答说："我们不远千里，慕名而来，恳求您的加持，希望在您这里皈依我佛、跟随您修成正果。"唐东杰布叹道："你们携带了大量宝石、金币，却连一件经书、法器、檀香、灯油都没有，真不知道你们一路上点的什么灯，拜的什么佛！若说你们向往佛法，何不就近拜一位名师，却跋山涉水跑来求见我。你们不过是揣着一颗攀比名气的心罢了。对于这样急功近利的人，我实在不敢收他为徒！"

唐东杰布的话如同利剑一样，戳穿了几位商人的内心。他们面露尴尬之色，诚惶诚恐地跪地悔悟。唐东杰布继而叹道："论到修习佛法，就要清净心灵。你们往日的钱财、权力之多寡，已经变成了不足挂齿之物。而首要的便是心诚。只要诚心敬佛，就算没有师父，也能得到佛祖的降福。而你们将名气看得太重，我劝你们还是老老实实回去，多行善业吧！如果你们真的诚心诚意，我一定会乐于为你们祈福加持的。"

听了这话，几位商人如醍醐灌顶，他们相顾叹息道："我们拿着金币财宝来求佛，原以为是做了一件大好事，实际上只不过是爱慕虚荣罢了！"看到他们颇有悔悟之心，唐东杰布方才转怒为喜。他为这几人讲了些初级的佛门经义，热情地送走了他们。

在徒弟的人数已经初具规模后，唐东杰布带着二十多名弟子，南渡雅鲁藏布江，来到乃东①地方，一边募集善款，一边继续收徒。乃东头人听说有一位大瑜伽到来，便为他举行了盛大的欢迎仪式，并请求为自己加持祈福。唐东杰布早就听闻这是一个口是心非的人，现在对自己礼貌，无非是有求于己。他直率地说道："您盛情招待我，我很感激。但是您曾发誓要依据佛法的精神执政，可行动却与佛法背道而驰。您训练军队，侵犯邻居，不懂宽恕，不守誓言。对于您这样的人，我实在不敢违背佛陀的旨意而为他祈福。"乃东头人面露惭色，又灵机一动，敷衍道："如您所说，我确实犯过许多过错，这一点是不能掩盖的。我向您保证，以后一定恪守誓言，不做坏事。"唐东杰布道："现在您的心不诚，请三日之后再来说话。"

乃东头人于是宣布斋戒三日，他沐浴熏香，平心静气，让心灵得到了宁静栖息。三天之后，他将唐东杰布请来，说："请允许我诚心诚意地请求您的加持。"唐东杰布看了看宫殿上的侍从和官员，道："虽然您已经消除了杂念，但您的下属面带戾气，心怀贪念，互相觊觎别人的位置，还不能沐浴佛法。跟这样的人在一起，就算您诚心诚意，也不能受到佛法的庇佑，请您九日之后再来说话。"

乃东头人于是制定了宽宏公平的制度，命众官员及侍卫遵守规矩，上下有度。如此训诫了九日，方才初见成效。九日之后，他率领下属们求见唐东杰布，说："您看看，现在官员们已经恭敬和睦，请允许我诚心诚意地请求您的加持。"唐东杰布道："您的政权确实得到完善了，但这几日我出门游历，发现乃东地区的百姓还贫穷饥饿，面有菜色。请您一个月后再来说话。"

乃东头人于是下令拿出仓库中的金钱和粮食周济百姓。由于先前的训诫，官员们都能做到秉公办事，没有一个人克扣公款。如此执行了一月，乃东地区的百姓们都交相称颂起头人的美德来。一个月后，乃东王率领全城百姓和官员们一起，举行了隆重的仪式，正式请求唐东杰布的祈福加持。唐东杰布欣慰地说："现在您已经深谙佛法，无须我的加持，也会福佑无穷呀。"言罢，他还是令弟子们一起为乃东头人转经祈福，并为他讲解了《观音经》中有关驱邪镇恶的教言。看到百姓们真诚拥戴的笑容，乃东头人若有所悟，面露莲花般的微笑。

① 乃东：位于西藏自治区中南部、冈底斯山南部、雅鲁藏布江中游。

破除繁缛，直达本心

乃东头人的皈依虽然足以让人欣慰，但唐东杰布并未就此自满，他马不停蹄地离开那里，率领徒弟们来到才美地方。这里住着一位虽有善名，却心胸狭窄的喇嘛，名叫雅普·索南桑布。听说唐东杰布在才美地区传法的消息，索南桑布嫉妒而气恼。他想：我辛辛苦苦行善多年，好不容易才让这里的百姓都信奉我，现在人们受到唐东杰布的蛊惑，都膜拜他去了，我的地位是多么尴尬呀！他心生一计，派弟子邀请唐东杰布来到其居住的寺庙。

唐东杰布问道："索南桑布找我有什么事？"那弟子摇摇头，表示也不知晓。唐东杰布便大方地答应了他，欣然赶去赴会。双方坐定后，索南桑布开门见山地说："唐东杰布啊，我听闻你有跋山涉水如履平地、预言祈福无所不应、降妖除魔无往不利的能力。这里的百姓都称道你，请展示一番，好让我开一开眼界。如果你真的法力无边，我情愿让自己的弟子都归入你的门下。"

唐东杰布奇道："索南桑布，这些话都是你从哪里听来的？我现在为了众生，终日劳苦奔波。如果我真有这些能力，为何不直接驾上祥云，飞入莲花界中去，请莲花生大师降下祥瑞福祉呢？再说了，神力可不是用来炫示的，如果不是为众生谋求福祉，只是凭空夸耀自己的法术，便是对佛陀的大不敬。我听说你对我有所不满，在我看来大可不必。弟子们追随你，都是一心为佛法而来，你怎么能拿他们当作供品、赌注？"说罢摇了摇头，露出失望的神色。

索南桑布听了脸色一红，他搜肠刮肚，想要再找麻烦。正在这时，门口走入一位衣衫褴褛的乞丐，他听说唐东杰布在这里，便来拜师。唐东杰布欣然答应了。在索南桑布惊讶的神色下，唐东杰布将其送给自己的法衣转送给乞丐。在念了一番《如意经》后，就堂堂正正地把他收为门徒。

索南桑布怏然不乐，责问道："唐东杰布，你怎么可以这样随便乱收徒弟？我们招收弟子，必须要经过加持、灌顶、讲经、说法、剃度等一系列仪式。你现在什么都没有，佛教的规矩，都让你败坏了。"说罢命弟子将那个人赶出去。

唐东杰布起身阻止，将那位乞丐带了回来，神色庄重，义正辞严地说道："收不收徒弟，全看来人是否有心向佛。如果他心怀鬼胎的话，即使举行再隆重的剃度灌顶仪式，也根本不能算作佛家的门徒。我唐东杰布收徒弟，绝不需要这些繁文缛节。"说罢他便率领弟子告辞，在才美地区住了下来。往后，无论是妇女、奴仆、乞丐、艺人，只要诚心诚意地登门恳求，唐东杰布就收他们为徒。附近的人们听说有这样一位不分贵贱，不讲尊卑，对众生一视同仁的活佛，纷纷赶来拜访，唐东杰布的徒弟也因此迅速发展到五十余人。

在才美地区的这段日子中，索南桑布不断散布谣言，劝说人们不要信奉唐东杰布。但人们心中的良知和判断力不容轻视。唐东杰布带着弟子兢兢业业行善事，做法会，讲经文。让他们的怀疑之心逐渐消散了。人们纷纷皈依唐东杰布，等到他将要离开才美地区的时候，已经没有什么人理睬索南桑布了。

看到这么多人愿意皈依自己，唐东杰布十分欣慰。临走前，他对这些人说道："我走之后，你们要保持向善之心，丝毫不能懈怠。我一定不会忘记你们，数年之后，我要派弟子来到才美，为你们修建一座佛塔。"百姓们都献上礼物，为他们送行。看到这么多礼物，弟子们满心欢喜。唐东杰布却劝诫他们说："你们带上必备的粮食和水就上路吧，不要带太多的东西。"可是徒弟们不舍得，除了最先追随唐东杰布的阿里巴、喇嘛洛扎等人，大多数徒弟都恋恋不舍地将财物携带在身。看到这样的情形，唐东杰布叹了口气，摇头道："这些愚钝的弟子，终究还是没有明白财富的虚幻。"

弟子们簇拥着唐东杰布，兴高采烈地上路了。一路上他们时常打开自己的包裹，看到丰厚的财物，个个喜不自胜。只有少数人暗自摇头，认为这些人沉浸在贪念之中。

当一行人走到一座山顶时，突然闯出一群拦路强盗，大叫道："不想死的话，就把钱财交出来！"不由分说，用刀子顶住大伙后心，将他们所有的财物都洗劫一空，又如风般离去了。眼见那诸般财富，到头来都成了泡影。弟子们垂头丧气，连步子都挪不动。唐东杰布却淡然地教导他们道："你们一心积累起来的财富，还没舍得花费就落到了他人手中。这一切都如梦幻一般，现在，你们该懂得一切财富皆虚空的道理了吧？"他又评价那群强盗说："这伙'虚空的大师'，不仅教给我们一个道理，而且没有伤害我们的生命，真是盗亦有道。"

唐东杰布特意让大家原地驻扎下来，为他们讲了两天经，使他们有所悔悟。

年岁已老，不改初衷

唐东杰布率众弟子来到岗波地区，拜访了禅居在岗波周边一座山中的嘎玛巴·通瓦顿珠活佛。两人一见如故，互相讲了三个月的经，众弟子们也在此休整下来，日日聆听教诲。

在此期间，许多有名的富豪都带着礼品，来山中拜访，恳求通瓦顿珠活佛传给他们大圆满的法门。活佛总是笑而不答。唐东杰布见状，直言相告道："你们这些执迷不悟的人啊，空有金银财宝，为何总是做一些没有意义的事情呢？即使活佛现在传给你们大圆满法门，你们没有从基本法门修起，就像让刚出生不久的幼童牧牛、放羊一样，只会弄丢牛羊，弄不好自己还要被踩死。"那些富豪闻言暗怒，不但不感激，反而只怪唐东杰布坏了自己的好事。

又有一日，山中来了一位修行者，他声称自己是一位上层喇嘛，特意从遥远的拉萨地区赶来，恳求通瓦顿珠活佛为他加持灌顶。活佛满足了他的心愿，并特意为其讲经。谁料第三天的时候，这位修行者就托辞有要事，急匆匆地前来告辞了。唐东杰布叹息道："现在有很多以出名为目的的修行者，他们到处访求活佛，看似忙忙碌碌地奔波修行，其实不过是空走形式罢了。他们善于将自己见了多少活佛，得了多少灌顶，听了多少经文，念了多少咒法，以及自己的梦境、感应，甚至是平时偶然的感悟，都对人侃侃而谈，看作是炫耀自己的本钱。可是真要他们将一部经文剖析到底的时候，这些人就说不出话了。他们看似用极短的时间得到了巨大名望，但殊不知，他们平日马马虎虎修持所得到的些许进境，都因这些投机取巧的法门而还了回去，到头来什么也没学到，真是可悲啊！"通瓦顿珠活佛微笑道："的确如此，可是这些人执迷不悟，无论你怎么说，他们都不会听。"

唐东杰布一贯以来直言不讳的作风，遭到了当地富豪、名流以及一些心怀恶念的喇嘛的忌恨。他们联合起来，将唐东杰布师徒一行列为"不受欢迎的人"。一日，唐东杰布外出散步，这伙人纠集了一群恶徒，在一处人迹罕至的地方拦住他，拿出棍棒、石头就是一顿毒打。他们恫吓唐东杰布道："难道只有你会讲真话？不要太自以为是，而砸了别人的饭碗。我们可不吃你这一套！"

唐东杰布没有使用神力来压伏他们，而是让他们狠狠地打了一顿，解了气才罢休。徒弟们得知这件事后都愤愤不平，想要为师父报仇，唐东杰布却阻止他们道："恶念就像一袋空气，如果一直得不到释放，就会越来越膨胀，最终闹到万劫不复的地步。这些执迷不悟的家伙此刻根本不能点化，还不如让他们朝我撒了气，终有一天他们会认识到自己的愚蠢。"

不久，唐东杰布带着弟子们辞别了通瓦顿珠活佛。活佛十分不舍，将他们送到了山下。

十多年来，唐东杰布身体力行，用实际行动向弟子们述说着修身处世的道理。他一边在乌斯藏各地往来云游，一边招收弟子。十年的光阴在绿叶枯黄的缝隙中悄然滑过，再回到仁钦顶时，他已经是一位六十二岁高龄的老人了。故乡风物依旧，而熟悉的人已经越来越少。这位老者在乡间小径上默默回味着儿时跑过、跳过、笑过的地方，不禁感慨万千。

昔日承沐万物之恩泽，今朝便是回报之时了。

第十章　再见，是一句承诺

亲身经历，方得真知

唐东杰布率领七十多名弟子，开启了架设铁桥的旅程。

万事开头难，尤其是对不擅长体力活的喇嘛来说。虽然在佛法上已经功德圆满，但唐东杰布深切明白，在架桥一行自己只不过是个未得门径的学徒。因此，他率领弟子们来到工布地区寻找合适的冶铁之所。

工布地区的定则是一个坐落在尼洋河谷中的小镇。春日，源出雅鲁藏布江的河水开始上涨，一路灌注着整个定则。春水涨了，绿树青草也随之繁茂，鸟儿在枝丫上尽情鸣叫着，透出生命的欢愉。

这么一个生机盎然的自然之地，恰恰也是乌斯藏著名的打铁之所。在河谷不远处，有一座铁矿山。山下便是定则人聚居的小镇。当唐东杰布带着弟子们来到镇上时，大量的脚印杂乱斑驳地印在道路上，似是一队人刚刚过去。

唐东杰布弯下腰，用前襟兜起散落在地上的一块灰黑色石头，暗暗欢喜。这种铁矿石成色十足，质地坚硬，用来做铁索再合适不过了。一个弟子看他沉默不语，上前问道："师尊，我们继续赶路吗？"唐东杰布道："不必了，我想这里便是我们的目的地。"

黄昏将至，四野里却并不寂静，隐隐听到一阵阵的打铁声。对于这群外乡人的到来，镇子上的人们似乎并不感到意外。他们全神贯注地投入到燃着通红火焰的风炉。也许是不想打破这份喧嚣中的宁静，唐东杰布与弟子们暂且走出镇子，在河边扎营住下了。这个夜晚，唐东杰布对弟子们说："请大家保持耐心，我想我们一定会在此长住久留。"

一个月时光很快过去，唐东杰布发现，这里的人们心地善良，没有高低贵贱之分。无论是矿工、铁匠，还是流浪的艺人、乞丐，以及到这里收购矿石的商人们，互相之间都是那么和谐、热情。人们日出而作，日落而息，日子过得那么充实，看起来比那些终日禅居的喇嘛还要安宁平和。

当唐东杰布坐在角落静静地思考时，一个身强体壮、似乎浑身都是肌肉的人朝他走来。唐东杰布请他坐下，那人说道："看您的样子，一定是个外乡人，来我们这里有何贵干？"唐东杰布阐述了自己此行的目的，问道："我十分钦慕你们打铁的技艺，请你们给我制造一些铁索可以吗？"那人笑道："唐东杰布啊，在咱们定则，只要肯卖力气，一定会得到不少的报酬。我看你的徒弟们都身强力壮的，何不叫他们来一起干活呢？"

唐东杰布恍然大悟，笑道："这么简单的道理，我怎么没想到！"他暗暗自嘲：看来是平时闷在寺庙中的时间太久，而忘记了那些最朴素的常识啊。他欣然率领弟子们一起挖矿，并让弟子向有经验的老铁匠悉心求教，初步掌握了制造铁索的技术。

从此，定则地方的矿场上便多了这样一个身影：他年岁已大，须发微白，却同年轻人一样早早到来，挥凿头，洒汗水。他从不叫苦，从不喊累，纵然力气有限，也从不将自己的活分派给追随他的弟子们。他要求自己跟别人一样，也正因如此，众人对这位老者变得愈发尊敬了。

唐东杰布及其弟子工作的矿上，有一位矿主名叫班桑。他将这些外乡人来此采矿，看成是掠夺自己财富的行为，心中自然不悦。但由于唐东杰布慈善宽厚，又抓不住他什么把柄。班桑想了一个法子，他暗暗派人混入矿工之中，散步谣言道："由于唐东杰布一伙的到来，矿上人手已经超额了，今后要降低大家三分之一的工钱。"矿工们听说这件事，也开始怨恨唐东杰布抢了他们的饭碗。

听说了这些闲言碎语后，弟子们都觉得十分头痛。因为他们的到来确实加剧了当地的雇佣形势，给本地矿工带来不便。唐东杰布道："你们不必担忧，我自有办法。"他当即将矿工们集合起来，对他们说道："我们是为了学习手艺而来，根本无意分割大家的工钱。如果你们不满意的话，我愿意将我们的所有所得都拿出来，作为你们的补偿。"矿工们听了大喜过望，他们不好意思道："过去我们是受了别人的煽动，请您不要放在心上。至于钱财，我们对半分成就好。"就这样，唐东杰布与矿工们达成了一致。

班桑听说了这件事情，哭笑不得。失落之余，他十分佩服唐东杰布的胸怀和智慧。认为这个喇嘛与以往所见的任何喇嘛都迥然不同。他饶有兴趣地拜访了唐东杰布，向他请教了一些佛教的法门。唐东杰布倾囊相授，两人就此言归于好了。

经过一段时间的亲身经历和学习，唐东杰布和徒弟们对打铁一行感悟倍增。如今再回头看曾经的那些想法，竟是充满了荒诞的幻想。他隐约觉察到，为众生做实事不仅造福于乌斯藏百姓，对于自己心灵的修业，也同样拓展出一个辽阔无垠的新天地。

这日，一个铁匠来到唐东杰布那里，送上一条铁链，说道："尊敬的活佛啊，我的一条狗死了，请您为他祈祷一下吧。"唐东杰布为小狗祈了福，又问道："我们能做比这更长的铁链吗？"那人答道："当然可以，只要有足够的矿石，就能做出横接雅鲁藏布江那么长的铁链。"一个弟子担忧地说："那么长的话，拉起来不会断吗？"

"这也不难。只需要制造出胳膊那么粗的接环，将铁链牢牢衔接在一起，绝对断不了。"铁匠自信地回答，并开始细细解说制造铁链、接环时需要注意的工序。唐东杰布悉心倾听，只觉得冶铁架桥的大业豁然开朗起来。

离开定则后，唐东杰布深感修行的路途还很遥远，而那些真正珍贵的学问，往往就藏在普通百姓之中。他暗暗想：现在的喇嘛往往认为自己修行很好，稍微被人夸赞一番后就觉得自己是活佛，但实际上却有很多方面都不懂，只是盲目乐观罢了。

静下心来工作

听说察隅地区①的墨莫岗地方蕴含着丰富的铁矿石，唐东杰布与弟子一行来到这里，准备修建寺庙、工棚，以便长期地弘法、开矿。他派阿里巴和喇嘛洛扎两位徒弟，去寻觅风景优美的寺址。

两人出行没多久，就遇到一场罕见的暴雪。他们被迫躲进一个山洞中，一困就是三日，饿了就吃一些随身携带的干糌粑，渴了就喝雪水。到了第四日，年轻的喇嘛洛扎心头开始不安起来，他对阿里巴道："师兄，我很想念师尊，我们现在困在这里，真是既孤单又没趣。"阿里巴道："师弟啊，你忘记师尊平时怎么教导我们的吗？孤独所造成的焦虑不安绝对不是我们想要的东西，但是，如果我们能安于孤独，欣赏孤独，就将彻底改变我们的恐惧。"喇嘛洛扎摇了摇头，表示听不懂。阿里巴道："师弟，与其无意义地发愁，不如跟我一起禅坐，念念师尊平日讲的经吧。"

两人盘腿念起经来。一开始，喇嘛洛扎还是躁动不安，但随着《四皈依经》的声音逐渐透入心底，他的心神渐渐安定下来，仿佛忽然有了一双翅膀，翱翔在佛光普照的光明天境之中。他们安坐不动，连山洞外呼啸的风雪声都听不到了。

此时，唐东杰布十分担心两位徒弟。他独自一人冒着风雪，前来寻找他们。天气异常糟糕，他努力在齐膝深的雪中跋涉。翻过一座高岗，跨过一道雪坡，仍是找不到两位徒弟的影子。唐东杰布愈发担忧起来，步子更疾，在走近

---

① 察隅地区：位于今西藏自治区东南部，林芝市东部的伯舒拉岭地带，属喜马拉雅山与横断山过渡的西藏东南高山峡谷区。

弟子所处的山洞时，险些跌了一跤。唐东杰布大声呼喊着他们的名字，但两个徒弟专注于念经，什么也没听到。幸好唐东杰布听见了念经的声音，循声走入洞中，才发现他们。他吃惊地说道："我到处找你们，原来你们躲在这里念经啊！"

两位徒弟终于醒过来，见到师尊，他们十分惊喜，便要站起身来。唐东杰布摆了摆手，道："现下正是你们修持身心的好时候，不要因喜悦动荡了内心，我们一起坐下，再念一段经吧。"说罢盘腿坐地，师徒三人一起修持起来。

这次修行圆满后，洞外的雪差不多也停了。天空经受了素净的洗礼，展现出清澈纯净的天蓝色。极目而望，天边笼罩着清晨的薄云，云的背后有灿烂的霞光。看着这梦幻般的天空，人的心胸也舒朗起来。唐东杰布感叹道："这里虽然荒无人烟，但却比任何地方都要纯净，再适合修行不过了，大雪把咱们三人引入此地，看来是天意啊！"回去之后，唐东杰布便决定在那处山洞外修建寺庙。

在唐东杰布的号召下，仅用了一个月的时间，一座可以容纳上百人的寺庙和一些工棚都顺利落成了。

唐东杰布和弟子们一边修行，一边挖矿。冰雪消融的春天悄然到来，他们也终于积累了为数可观的矿石。接下来便准备招收铁匠，来锻造足以横贯雅鲁藏布江的铁索。

名望和财富，都会失而复得

正当建造铁桥的事业有条不紊地推进时，当地一群别有用心的人愤怒起来。他们大多是此地的铁矿场主。唐东杰布凭借崇高的威望，吸引了大量矿工前去相助，他们那里就门可罗雀了。这些矿主派人秘密混到唐东杰布那里，向人们散布谣言道："唐东杰布这个伪善的家伙，实际上是觊觎我们地区珍贵的矿产财富，他根本不是要造铁桥，而是要将铁索运到拉萨高价卖掉。乌斯藏地区自古以来就没人能成功架设铁桥，唐东杰布不过是骗你们罢了。"

人们将信将疑，便聚在唐东杰布的门前，质问道："请你拿出令人信服的说法来，否则我们就不干了。"唐东杰布心平气和地对众人说："你们今天先回去，明天早晨一起来寺外见证。"

众人走后，唐东杰布立在窗前，目光在湛蓝的天空中逡巡。他恍然意识到，一个严重的问题摆在建桥大业面前：自己平时依靠传法积累的那些名望，不过是过眼云烟。百姓们一旦听说让他们愤怒的消息，就什么都不管不顾了。看来要想取信于百姓，得到其帮助，最重要的还是为他们做实事啊！

当天夜晚，唐东杰布请弟子和信任他的工匠们连夜绘出了将要在雅鲁藏布江上建造的铁索桥的图纸，详细注明了铁桥的位置、构造、尺寸、强度，并计算出过往的百姓能节省多少天的路程。

大家几乎通宵达旦，虽然疲惫，但心中很充实。许多追随唐东杰布很久的弟子看到建设铁桥的蓝图从空泛变得具体，心中也安定了许多。唐东杰布立在案边，一直炯炯有神地审视着每一张图纸，仿佛要将它们一一印在心底。

第二天早晨，那些矿主雇佣的打手煽动工匠们拿起棍棒，拥到寺庙门前。冲突一触即发之时，唐东杰布走出寺门，指着不远处的一个木架子道："你们看，架子上的图纸便是建造铁桥的计划，大家有什么不信的地方，都可以来问。"

人们拥到架子边，看到绘制详细的图纸，无不点头称是。有些看不懂的地方，唐东杰布都耐心地一一讲给众人。事实胜于雄辩，最后人们懊悔道："我们受了欺骗，请活佛千万不要见怪。"唐东杰布道："没关系，如果你们有心悔悟的话，就请坐在地上，听我给你们讲讲经吧。"

有个矿主仍不死心，咬牙切齿道："就算你说的是真的，也不能白白将我们的矿取走。"唐东杰布还没答话，工匠们便吵嚷起来，他们纷纷说："铁矿是属于整个墨莫岗的，我们愿意送给活佛，你可管不着。"

唐东杰布同众人讲了《妙法莲华经》①，并再次劝导他们不要轻信人言。

有一位珞巴地区的商人路过这里，看到寺外的大树下放着许多打好的铁索，便起了贪心。他假意求见唐东杰布："尊敬的活佛啊，我是过路的商人，今日旅途劳顿，在您的寺庙借住一日可好？"唐东杰布从他闪烁的目光中瞧出了蹊跷，却没有点破，只是为他安排屋子住下。

当天晚上，商人和他的随从商量道："我们趁唐东杰布睡着了，将驴车赶到树下，驮了那些铁索就跑。"这些人真的一直等到了深夜，确信没有人看守后，便开始按照计划行事。

他们废了九牛二虎之力，将所有铁索都搬上驴车。谁料在逃走时，由于铁索太重，驴车一经颠簸便散了架，铁索哗啦啦落了一地。驴子受惊，放声大叫起来，将寺内的人全都惊醒。

这行人被抓个正着。唐东杰布又好气，又好笑，他指着满地的铁索说道："你们这些人啊，真是可笑，如果少偷一两条铁索，不就逃之夭夭了吗？你们贪心到一条铁索都不愿意给我们剩下，到头来却一条也偷不走。这不就是人们对财富患得患失的道理？"商人羞愧，向唐东杰布磕头忏悔，保证以后多做善事，来弥补自己的罪过。

---

①《妙法莲华经》：简称《法华经》。是释迦牟尼佛晚年在王舍城灵鹫山所说，为大乘佛教初期经典之一。"妙法"意为所说教法微妙无上；"莲华经"比喻经典的洁白清净。

调伏珞巴族众生

不知不觉,唐东杰布一行在墨莫岗地方已度过两载春秋。这期间,他与当地百姓朝夕相处,看到了他们的优点和缺点,眼看铁索已经打造完毕,唐东杰布心想:在离开前我还要做最后一件事,那就是调伏这里饱受贪嗔痴三毒蒙蔽的众生。

根据当地人的指点,唐东杰布轻装简从,领着七名处事沉稳的弟子,赶往珞巴族人的聚集地。

从远古时代起,珞巴族先民就生活在这一带。他们与藏族先民和门巴族先民一道,共同创造了喜马拉雅山区的远古文明。但珞巴族没有自己的文字,长久以来,他们处在氏族部落的生活之中。当唐东杰布一行出现在珞巴族的聚居地时,他们正在为一对年轻人举办隆重的婚礼。唐东杰布拿出一只海螺,为他们吹奏道贺。谁料珞巴族人没有见过这东西,惊恐地叫道:"不好啦,有着可怕嚎叫的坏喇嘛来了!"随即各自逃散去了。

随后,珞巴族人聚在一起商议道:"这个喇嘛恐怕来者不善,我们必须先下手为强。"于是,他们持着弓箭、棍棒等,气势汹汹地朝唐东杰布逼近。此时唐东杰布正在河边同弟子们讲经,看到珞巴族人,他并不害怕,而是依旧坐在原地,高声唱道:

珞巴族的兄弟姐妹不要惊慌,
我是莲花生大师之意转世唐东杰布。
为了五浊恶世的无数众生,

> 特来消除灾难弥补恶业。
> 请你们坐下听我讲讲经法,
> 心中必然宁和喜乐。
> 如果经义不能让你们心灵宁静,
> 我愿就此离开不再归来。

珞巴族人停住脚步,将信将疑。这时恰好那位偷盗铁索的珞巴商人看到了,忙对众人说:"这位唐东杰布活佛智慧、法力皆无边,你们不能同他对抗,还是好好坐下,静心听他讲一讲。"珞巴族人为唐东杰布镇定的气势所撼,再听那商人一说,便放下了武器,一齐坐在草地上,听唐东杰布讲起佛法来。

这一听,便听出了一片新天地。

唐东杰布在这里停留了一年多,他不辞劳苦地为大家讲经说法,勤勤恳恳地和大家一起劳作。他系统地制定了十善法规,为珞巴族人讲述了"生死轮回""因果报应"等基本禅理,还教给他们每月初十供神的方法。结合珞巴人的实际生活,他尤其教给他们戒骄戒躁、保持信心、友爱邻居、懂得宽恕等为人处世的道理。在这个佛教徒从未来到过的地方,由于唐东杰布的亲身传法,而沐浴着浩瀚佛法的阳光般的温暖。

为了更进一步在珞巴地区树立教化的典范,唐东杰布同弟子们还将随身携带的海螺、经幡、宝瓶、白伞、蒲团、吉祥结等祥瑞之物供奉在一处山洞中,并带人铸造了释迦牟尼、观音佛、莲花生大师以及众多空行母的雕像,为这座山洞起名为"巴思洞"。从此,珞巴族人就有了求经拜佛的圣地。

考虑到离去后,需要有其他佛法精深的人继续自己的事业,唐东杰布特意让自己的三名得意弟子留在当地,并从珞巴族修行者中选出七位杰出人才辅佐,使当地的佛教事业日渐兴盛。

待到唐东杰布将要离去时,珞巴百姓恋恋不舍,泪眼相送。他们感激唐东杰布的恩德,赠送了大量礼物。唐东杰布一一收下,并安慰他们说:"我们的见面,都是前世修来的结果。你们不要难过,只要心怀佛法,日日修持,我们必有再见之日。你们需要谨记宽恕之道,不要侵犯他人,不要过分贪恋财物。我会年年派弟子来看望你们,你们赠送的财富,我一定将之用在为众生谋善业上。"

  人们再次向唐东杰布磕头祈祷,将他送到十里之外才停止。告别了这些朴实善良的珞巴族人,唐东杰布感慨万千,看来那些被恶念蒙蔽的众生,只要加以正确的引导,就会恢复善良的本性。想到这里,唐东杰布更觉任重而道远。

善恶之分

唐东杰布调伏珞巴人的消息传遍了工布地区，人们对他十分佩服。但唐东杰布反而认为这不是什么值得炫耀的事情，相反，他认识到如果调伏一个地区就需要一两年时间的话，仅靠自己一人拯救众生是万万不够的。

恰在此时，居住在墨莫岗地方的徒弟们给他带来了一个好消息——在唐东杰布离开的这两年，他们同当地的工匠一道，打造了三十多条手臂粗的铁链，以及修筑铁桥必备的扣环、支架。唐东杰布欣然前往。人们问道："尊敬的大活佛，听说这两年来您都在珞巴族地区，是真的吗？那蛮荒之地的人可不是善类啊。"唐东杰布道："珞巴人本性很善良，只是缺乏引导罢了。他们虽然粗鲁，却不贪心，而且热情好客，懂得分享自己的财富。依我看，这一点上他们倒是比其他地方的人强得多。"

唐东杰布又请求当地人为他准备二百头牛以及四十匹马和骡子，用来驮运铁链。这可不是一个小数目，当地的百姓也发了愁，正当他们费尽心思聚牲畜的时候，唐东杰布派人告诉他们："你们不必发愁，如果不够的话，我就去向那些矿主要。"

这天清早，多数弟子还在睡梦中，寺外忽然传来一阵丁零咣当的响声。众人睡眼惺忪地拥出门去，只见唐东杰布率领十名大力士，正将铁索搬运到几辆不知从何处找来的牛车上。他们仿佛从半夜就开工一般，额头上满是汗珠，衣裳也全部湿透，整个人都像是从蒸笼中走出来的。弟子们赶忙前去帮手，几个弟子献上饮水，让师父和大力士喝了。他们奇怪地问道："您怎么半夜出去了，又是从哪里弄来这些牛车？"唐东杰布笑而不答，此时远处陆续传来牛的哞叫声。众人到坡上一望，只见一群人又赶着牛车朝这边走来。

"咦，那不是本地的矿主吗？"一个弟子惊呼。人们仔细一看，顿时炸开了锅："今天真是太阳打西边出来了，这些矿主一向对我们冷眼旁观，怎么突然来送牛车了？"一个大力士道："唐东杰布活佛昨天夜里来到我们主人家中，将他生平所造的恶业一一点破，主人害怕，当即答应送上牛车，还派我们帮助活佛搬运铁索。"唐东杰布接着说："如果以造恶业的方式来获取财富，终究将会还回去。你们要谨记这个道理啊。"

算上墨莫岗矿主赠送的牛车，唐东杰布终于将架桥用的材料全部装运完毕。在出发前，他郑重地将弟子召集在一起，率领着他们挨家挨户登门拜访，感谢帮助过他们的当地人。人们都说："我们只是做了一些小事，活佛如此感谢我们，我们可不敢当。"唐东杰布道："你们为乌斯藏百姓的福祉做了一件大事，神灵必将保佑此地风调雨顺，让你们都健康长寿。"当地人又是一番赠礼，唐东杰布也一如既往为众人加持祈福。

经过孜岗时，当地人对活佛在工布行善的事迹早有耳闻，便成群结队地来到他的住处，膜拜祈福。

孜岗有一位名叫恰约的喇嘛，原先在百姓中颇有声名。但唐东杰布的到来让他黯然失色。恰约既嫉妒，又愤恨。有一天正午，他派人来到唐东杰布的住处。此人不顾大家正在吃饭，便一头闯了进来，无礼地对唐东杰布大声说道："此地是恰约大喇嘛的地盘，一向由他行善，你这个伪善的假活佛，不想找麻烦的话，还是赶紧走吧。"

"这是什么道理？"弟子们一片哗然，认为恰约的传话十分荒唐。有几个直爽的弟子眼瞧着就要出来理论，唐东杰布却制止了他们，微笑着对来人说："好吧，请转告那位喇嘛，我们今天下午就走。"

"你们必须立刻走！"那个人得势不饶人。

"好的，可你总得让大家吃完饭吧？"唐东杰布笑着指了指弟子们的碗。那个人心想：只不过一顿饭的时间，我便答应他吧。谁知众人心中气愤，这顿饭吃得很慢，直到傍晚才收拾行装离去。

"将这些善名让给恰约又何妨？"离开孜岗后，唐东杰布对弟子们说，

"只要有人行善,让百姓们有依靠就好。我唯一担忧的是,那位喇嘛将善业看成了背负在身上的重担,他用这种方法来独占善名,实在是太累太苦了。"

"这样可笑的人,真的会为众生行善事吗?"有个弟子怀疑地问道。唐东杰布点了点头,道:"这样的人确实会做一些好事,虽然动机不纯,但不应就此抹杀了他们的善业。只不过此善与彼善,大相径庭啊。"

"行善原来也是这样复杂。"弟子感叹道。唐东杰布笑着对这位弟子点化道:"世间万物纵然浑浊难明,你只需要保存着心中的一掬清水,以此立世,又有何惧呢?"

第十一章　当勇士碰上毒酒

铁桥活佛

美丽壮观的乌斯藏大地上，喧腾奔流的拉萨河宛如一匹白练，携着念青唐古拉山冰雪的清凉气息，一路流经墨竹工卡、达孜地区，最后在拉萨南郊汇入雅鲁藏布江。它灌溉了方圆上千亩的土地，沿途物产丰饶，尤以青稞为盛。作为乌斯藏地区最重要的粮食产地之一，拉萨河流域可以说是乌斯藏百姓的一道命脉。

但是，这条大河水流湍急，很少有地方能渡船而过。无论是百姓、客商，都必须花上一两个月的时间绕道而行，十分不便。在藏历第七饶迥铁狗年（1430年），也就是唐东杰布七十岁高龄时，在拉萨河上修建铁桥的大业终于拉开帷幕。

唐东杰布不辞辛劳，亲自带着测量员喇嘛洛扎来拉萨河边勘探地形。一个手持弓箭的猎人好奇地问道："你们两个人在那里做什么？不会是想在河上建造大桥吧？"唐东杰布点头称是。猎人心想：真是异想天开的家伙！他觉得既好笑又无奈，劝道："河水这么急，根本不可能建造大桥，我劝你们还是打消这个念头吧。"唐东杰布说道："你看着吧，我们一定能建成大桥。"说罢同喇嘛洛扎一起测量了河水的宽度，估计了铁索应承受的力量。见猎人还没走，唐东杰布说道："请借我弓箭一用，我们打个赌，如果我能射到对岸，就预示着大桥能建成，如果射不过去，我就将从工布带来的一颗宝石送给你，你看怎么样？"猎人望了望宽阔的河道，心想：就算是我也射不过去，他一个老头子怎么行？

唐东杰布先是跪在河边，向着河水跪拜祈祷道："尊敬的诸位神佛啊，如果你们认可我唐东杰布，就让我一箭过河。"猎人嘲笑道："你这样祈祷是不会有作用的，我们射箭，凭借的是真才实学。"唐东杰布笑了笑，扎下脚步，矫健地拉开弓，"嗖"的一箭，如流星般飞去。此时河心正好打来一个大浪，将箭吞噬进去。猎人心中很是惊叹，他惋惜道："没想到你这么大年纪了，射箭的本领却是如此在行，只可惜运气不好，箭落到了河中央。"唐东杰布道："你错了，箭不仅射过了河，还射到了对面的山上，不信我们过去看。"猎人愣了一下，笑道："你不会是明明知道我们暂时没法过河，便在这里吹牛吧？"喇嘛洛扎生气地说："师尊向来不说谎话，你怎么能嘲笑他？师尊，你不是有涉水的本领吗，就显露给他看看，到河对岸将箭拿来。"唐东杰布摇了摇头："我早就发誓，如果不是对众生有益的善事，绝不使用神力。既然他不信，这场打赌就算我输了。"说罢将弓还给猎人，并取出宝石一并送给了他。

这段小插曲丝毫不足介怀，唐东杰布回去后，便让徒弟和工匠们将铁索运到大桥选址附近，自己则去拜访了当地的头人。一见面，唐东杰布便开门见山地说："我想在这附近的拉萨河上建造一座铁索桥，请你们帮忙在河北岸建造两个桥墩如何？"那位头人起初认为架桥的事情太过匪夷所思，不肯答应，他说道："说实话，您所说的要在拉萨河上修建铁索桥的事情，简直是闻所未闻，我看多半不会成功。"唐东杰布开导他道："桥架成了固然好，即使架不成桥，这两个桥墩对于防洪来说也是很有益处的。"头人觉得这话也对，便答应了他的请求。

如头人一样，许多人质疑唐东杰布的架桥计划，他们对于造桥事业很不热衷。唐东杰布就领着懂得架桥技术的工匠，挨家挨户地拜访人们，向他们介绍架桥的工序和好处。他说："如果架好了桥，咱们要到拉萨去不过十几天，无论是旅行、经商、拜佛，都方便极了。这是利于后代的大善业啊。"百姓们亲眼见到耳闻已久的活佛，无不心悦诚服。

包括弟子、工匠、当地人，以及慕名而来的旅者在内，在唐东杰布的感召下，这些本来分散的力量被聚集在一起，拧成了一股空前强大的绳索。他们分成两路，一路由唐东杰布亲率弟子，一路由当地头人带领，在拉萨河南北两岸开工了。面对炎热的天气，这个主要由普通百姓组成的建筑队伍，用了短短五天的时间就造好了四个桥墩。那些起初抱着怀疑态度，裹足不前的人闻讯赶来，看到这不可思议的杰作，简直不敢相信是真的。

此时喇嘛洛扎兴高采烈地前来报告："师尊，我在那边的岩石山上发现了您前些日子射的箭！"唐东杰布带人前去查看，只见那支箭正牢牢地嵌在岩石山的一处石缝中，同唐东杰布当时预料的一模一样。问明缘由后，众人惊叹道："如果不是活佛，谁能将箭射得这么远，看来架桥的事业一定会成功！"

铁索悬河

炎热的夏季，拉萨河边竟是彻夜不眠，人头攒动。这天对于架桥事业来说是个大吉日，原来附近有一位女施主格桑，她听说了唐东杰布正在架设铁桥的事迹，带领这一百多名僧俗壮汉前来相助。此刻，大家热络地围坐在一起，讨论着架桥的难题——怎样将沉重的铁索从河的一岸送到另一岸。

有人想出了一个巧妙的法子：先在一边岸上将铁链一头固定好，另一头用绳子拴上，将绳子抛到对岸去，在那边拉动绳子，将铁链一并拉过去。第二天一早，人们便照此行事，谁料铁索太重，绳子承受不住它下坠的巨力，很快便断掉了。铁索哗啦啦地掉入河中，许多人都脱力受了伤。

大家试了几次都没有成功，一股沮丧之情弥漫在众人心头。有人打起了退堂鼓："从前就没有人在拉萨河上成功架设铁索桥，如今又失败了。看来这是神的旨意，不能违背，我看大伙还是散了吧。"听了这些丧气话，许多人真的有所动摇，只是碍于唐东杰布的名望，才没有立即离去。

唐东杰布将一切都看在眼里，他深知，遇到困难会退缩，这是众生都会有的心理，并不足责怪，而现在正是自己行动之时。他召集了弟子和从工布地区带回的工匠队伍中经验最丰富的十几人，在大家入睡的时候，连夜工作，研制出了更加结实的粗绳。

第二天，当唐东杰布请大家用粗绳拉动铁索时，由于前几次的失败，人们面面相觑，似乎谁都不愿再做无用功。唐东杰布早料到了这点，于是亲自率领着十几个体格健壮的人，屏气凝神，齐心协力，花了一炷香的工夫，便将第一条铁索拉过河去。人群中爆发出一阵欢呼，女施主格桑感叹道："这位七十岁高龄的老活佛尚且身体力行，我们怎么甘心落后呢？"大家群情踊跃，用了大半天时间，终于在拉萨河上修成了连神佛都要惊羡的奇迹——二十二道横贯河面的铁索。

为庆祝这一奇迹，当晚，人们点燃了一丛丛火堆，妇女们开始煮茶、捣奶，男人们忙着支撑帐篷。在大家热情的招呼下，唐东杰布走进场心，接受了格桑献上的酥油茶。大家开始高声欢呼，雄浑而有力的鼓声也随之响起，带着乌斯藏男儿的矫健气质，动感十足。在"嘭嘭"的鼓声里，无论男女老幼，都宛如鸟儿一样欢快地跳着，一切愁苦都烟消云散。人们放声唱道：

> 伟大的活佛唐东杰布啊，
> 教法装满了您的腹鼓，
> 形影不离地伴随着众生，
> 时刻关照我们的困苦。
> 您不忘行善业造福百姓，
> 架设铁索桥超越今古。
> 请让我们拜您一拜，
> 如同祈求众位佛祖。
> 请让铁桥快快建成，
> 让大伙渡河快乐又幸福。

唐东杰布又带领众人用绳子编织桥面，不出数日，铁索桥顺利竣工。大弟子阿里巴被选为护桥人，另外几位经验丰富的弟子负责日夜检测铁索桥的使用状况。直到证实铁索桥可以放心使用、没有安全隐患后，这位心系百姓的活佛才舒了一口气。

竣工之日，人们举行了盛大的庆典。在熊熊燃烧的火堆边，唐东杰布微笑地看着人们脸上由衷绽放的笑容。这种欣慰和快乐，岂是在寺庙中修禅念经所能感受到的呢？

他实在太累了

"师尊,直到今日,我还觉得一切皆如梦幻。"有风的夜晚,喇嘛洛扎站在拉萨河铁索桥上,梦呓似的喃喃。身侧,唐东杰布披着袈裟,微笑道,"让你吃惊了?"

"蕴含在人心中的力量,往往是我们难以想象的。"喇嘛洛扎年轻的眼神中散发出兴奋的光芒,他无比崇敬地看着唐东杰布,说道:"有师尊将人们的力量汇集在一起,就没有办不成的事情,从明天开始,我们就准备修建更多的铁桥吧!"

"有我在,就没有办不成的事情吗?"唐东杰布笑了,他依稀从这个年轻聪颖、信心满满的弟子身上看到了当年的自己。这一瞬,他想到了屯益坚赞活佛殷切的叮咛,想到了自己如何从骄傲轻狂变得心如止水,动静由心。这或许是每一个心怀梦想的少年都要经历的心路吧?想到这里,唐东杰布微微一笑,以似曾相识的话语作答:"一切因缘都未就绪,前面的路还很长。"

"师尊……"

"人们都累了,让他们休息一段时间吧。"唐东杰布语带慈悲,笑道,"既然你如此心急,不如到营地中,帮我拿一副弓箭来。"喇嘛洛扎疑惑地跑回营地,拿来一副弓箭。夜阑人静,唐东杰布站在拉萨河的铁桥上,张开弯弓,嗖嗖两声,朝日喀则方向射了两支箭。喇嘛洛扎奇道:"师尊,您在干什么?"

---

① 尼木宗:县名,位于西藏自治区中部、雅鲁藏布江北岸。

唐东杰布闭目凝神，仿佛在感知着什么。半响，他睁开了眼睛，道："我已感知到这两支箭的去向，一支射到尼木宗①，这是将来能在尼木宗等雅鲁藏布江流域各地修建铁桥的吉兆；一支射到曲日山上，这是将来能在这座山上修建寺庙，在山前修建铁索桥的吉兆。"

经过充分的休息后，唐东杰布开始带着徒弟们周游四方，一面解救众生，一面积累布施。这一年西藏遇到了罕见的旱灾，唐东杰布一行忙于救济百姓，耽误了建桥的计划。直到第二年，也就是藏历第七饶迥铁猪年（1431年）时，他们才修建了第二座铁索桥——尼木大桥。这座桥位于日喀则到拉萨之间的尼木宗，那里是两地间的重要通道，从此，百姓再不会为两地往来而发愁。

架桥如同行医，面对不同症状的病人，所采用的治疗方案自然有所不同。乌斯藏各地的水文地理迥异有别，唐东杰布必需亲自了解每条河的情况，才能对症下药，建造出符合当地实际情况的铁桥。他虽是七十多岁的高龄，却事必躬亲，率领弟子和工匠们辛勤勘探，每一座大桥都凝聚着他们的智慧与辛劳。

在曲日山，唐东杰布修建了两座寺庙，一座佛塔。即将在山前修铁桥时，这位活佛却因操劳过度病倒了。

那是一个日色和煦的午后，唐东杰布吃过午饭，忽然提不起精神，险些摔倒在地，被随侍在身旁的小弟子及时扶住，靠在一株树下。暖洋洋的太阳照着，他却感到阵阵寒气的侵袭。

当大家闻讯赶来时，唐东杰布已经恬静地睡着了。看着他如雪的白眉和沧桑的面容，人们第一次意识到这位无所不能、如金刚般强大的师尊已经老去。有些弟子忍不住伤感，偷偷拭泪。此时唐东杰布醒了。

他慈祥地看着大家，说道："你们不必为我担心，我是莲花生大师的意转世，至少有一百岁寿好活，不要大惊小怪，快回到河边，帮我继续测量和勘察。"

弟子们口中称是，但谁都不肯离去。唐东杰布道："我常常给你们讲万物枯荣的道理，你们怎么还看不破呢？一个人的老去与衰弱，就如同树叶到了秋天就要枯萎落下，是再正常不过的事情。如果一片叶子还在树上时，就担忧它落地后的情景，那实在是太可笑了。"说罢，他如往常一般为大家讲了佛经，弟子们听得格外入神，没有一个人分心。

唐东杰布在地上摆了九团朵玛，向神佛叩拜祈祷，弟子们见状也一起跪拜在地，为师尊祈福。他们的诚心感动了神佛，一缕清风拂来，在唐东杰布周身环绕了几圈，只见他忽然睁开眼睛，双目散发出矍铄的神采，霎时恢复了健康。

为了搜集足够的铁，唐东杰布率领弟子们来到曲日山附近的巴冲地区采矿。许多铁匠慕名而来，甘愿无偿帮助他们。这令唐东杰布甚为感动，他幻化出十八身，分别协助在十八位铁匠身边。唐东杰布的幻身肌肉虬结，威风凛凛，每一锤落下，都溅出点点火星。寻常铁匠总有劳累之时，但他的幻身却不知疲惫，永远强韧如初。看着一道道铁索被迅速锻成，十八位铁匠都惊叹道："天啊，这真是神灵的恩赐。"他们拿出供奉用的朵玛，向这些幻身膜拜。作为回礼，唐东杰布为每位铁匠都准备了一块从工布地区带来的坚硬的打铁石。

两年间，唐东杰布在巴冲地区建造了一座铁桥，又在瞻天普地区建造了"宗铁索桥"和"查中铁桥"。接着他来到曲日山，修建了一座可以容纳千人的寺庙，以此为基地，他率领着追随者们在曲日山前日夜开工。在藏历第七饶迥木虎年（1434年），唐东杰布耗时九月，终于又在这里完成了桥梁架设。这位名副其实的"铁桥活佛"，以七十四岁高龄辛苦奔波，几乎踏遍了整个乌斯藏，终于兑现了当年发下的宏愿。

唐东杰布的声望也因此与日俱增，在人们心中，他就像旷野中历经风霜的岩石般坚强，像高山上永不融化的积雪般纯净。即使处在困厄之中，人们仍然坚信，唐东杰布已经为自己准备好了道路，只要一心向善，就能追随这位活佛的足迹。

毒酒的考验

飓风卷起乱雪，纷纷扬扬地洒了半日，掩住了方当正午的太阳。

从仁钦顶出发才走了一天，唐东杰布一行人就遇到这场下了整整十三昼夜的罕见大雪。

这是藏历第七饶迥木兔年（1435年），唐东杰布与众弟子翻越了白雪皑皑的雪山，准备到乌斯藏西部的阿里地区行善业。

一个寒冷的夜晚，唐东杰布同大家围着篝火，回忆着自己年轻的岁月，那时他曾和江村大叔以及仁钦顶的商人们来阿里地区做过生意。那也是一场暴风雪，也下了整整十三日，此情此景与彼时何其相似！只是那些商人早已老去，只有他一人还在为善业奔波劳碌。

"你想念过去吗？"唐东杰布暗暗对自己说。不，那时的日子固然很好，每天无忧无虑，仿佛整个世界都充满了未知的奇妙旅程，而现在也有现在的幸福，为了众生行善业，怀着这个远大的目标，每一步都脚踏实地，拥有沉甸甸的分量。

这日又走了一程，弟子们见前面的山势十分险峻，又光滑得如同镜子一般。有人打起了退堂鼓："前方看起来根本没有路，咱们还是回去吧。"唐东杰布笑道："当年我们遇到的情况比现在要危险得多，却没有一个人后退，你们是我的弟子，怎么反倒不如商人了呢？"弟子们脸红了，不再说话，沉下心来奋勇前行。

暴雪阻碍了视线，将要走出雪山时，他们在一处山坳迷失了方向。弟子们变得焦躁起来。唐东杰布让弟子们围坐一处，神色如常地带领大家呼吸、吐纳、诵经。风吹着，把朗朗的诵经声轻轻融入了那纷纷扬扬的落雪。这声音像是篱笆一般，在天地间划出了世外桃源的界限，使人身在其中，如痴如醉。不知不觉已过了许久，雪停了。唐东杰布笑着唤醒大家，说道："你们要记住了，有时候太过着急，反而会适得其反，我们佛家弟子无论深陷何处，都要有一颗禅定之心啊！"

经历了雪山的一番跋涉后，众人终于来到基冲地区，这里的人早已不认识唐东杰布，当得知他的身份后，人们不住讶异。几个当年见过他的老者惊叹道："没想到昔日那个疯子尊珠，现在已经成为普度众生的大活佛了！"许多基冲人都放下手中的事情，前来膜拜。当听说唐东杰布当年曾来到这里做生意时，基冲人都感到十分自豪。他们虔诚地希望唐东杰布能故地重游，率领大家再拜释迦牟尼像，唐东杰布欣然答应了。

比起几十年前，西吉寺的院墙已然修缮一新。释迦牟尼像依然如往日般立在大殿，丝毫不随岁月褪色。岁月流转，生命中的很多事物不断转变、退化、消亡，也有一些事物恒久不变，便如这殿上的佛陀。这就是光阴啊！唐东杰布感慨万千，带着当年的回忆，唱道：

唵嘛呢叭咪吽，

马头明王圣丹珍佛，

唵嘛呢叭咪吽，

解脱众生的王子啊，

唵嘛呢叭咪吽，

四个大业光辉四射，

唵嘛呢叭咪吽，

为六道众生讲咒经。

唵嘛呢叭咪吽，

长寿的圣者尊珠桑格，

唵嘛呢叭咪吽，

为你的同伴指引迷途。

这首词便是当年释迦牟尼显灵所梵唱的，如今岁月转圜，唐东杰布终于实现了佛祖的预言。基冲人都肃然起敬，再次对他顶礼膜拜。

离开基冲后，他们来到了阿里头人的所在地。唐东杰布受到了头人的隆重接见，他给头人与官员讲了经后，便应阿里头人之邀，在宫中禅居起来。

阿里头人对唐东杰布的至高待遇，引起了本地大活佛却白桑布的忌恨。他左思右想，想出一道毒计。趁着入宫讲经的机会，却白桑布用四块金币买通了头人的女管家，要用毒酒加害唐东杰布。

当这位女管家正要向唐东杰布进酒时，他那无所不至的善名和威严的神情在一瞬间打动了她。女管家的心怦怦直跳，她原是一向笃信却白桑布活佛的，但现在活佛却要她做出如此恶事，究竟该是不该？

看到她踌躇不定的神色，唐东杰布心下了然。他叹了口气，说道："如果我不喝这杯酒，恐怕对你不利，如果我喝了它，就会对我有害，我该怎么办？"女管家听后十分惭愧，正要坦白一切。唐东杰布却对她说："你放心，我必不致令你为难。"说罢拿起毒酒，一饮而尽。女管家惊叫了一声，心中还期待着奇迹的发生，或许这位活佛法力无边，百毒不侵呢？谁知唐东杰布饮下毒酒没多久，便倒地昏迷。

得逞的却白桑布活佛笑道："讨人厌的喇嘛终于死了，这都是他自作自受。"了却了心腹大患，他当晚就准备到宫中给头人讲经。女管家却追悔至极，一番思量后，她终于下定决心，暗暗从却白桑布活佛的居所窃取了解药，喂唐东杰布服下。

当却白桑布走进宫中时，便发现了不可思议的一幕——那位被自己投毒的活佛正与头人坐在一起，相谈甚欢。看到却白桑布后，唐东杰布还对他热情招呼。

却白桑布羞愧得无地自容，唐东杰布却没有点破他的计谋，只是临行前到他居住的寺庙前焚了一炷香，以示警告。

佛与众生本同行

启程返回时，又到了寒冬时节。徒弟们归心似箭，但天气偏偏不凑巧，刮起了凛冽的寒风。这些艰苦的修行者还未来得及添置棉衣，只能在身上裹一床毯子，穿着夏天的草鞋。鞋烂了后，他们只能赤着脚在雪地中行走。虽然环境酷烈如斯，但没有人畏惧不前，他们已将这般境遇当作一种修行。

众人辗转来到朗杰拉孜地方。唐东杰布起得很早，踏着薄薄的曙色，走进了朗杰拉孜古老寂静的小城内。当地人看到这位赤着双脚、衣衫单薄的老人，动了恻隐之心。他们将唐东杰布请到帐篷里，热情款待了他。唐东杰布说道："你们今日大发善心，帮助了一位活佛，日后必有善果。"这些人奇怪地问："你这流浪的乞丐叫作什么名字，怎么知道我们今日会帮助一位活佛？""我就是那位活佛啊。"说罢，唐东杰布报上了自己的姓名。人们吃了一惊，继而摇头说："这位老乞丐呀，别说大话了，你知道唐东杰布是什么人吗？他是乌斯藏最有名的活佛，怎么会像你这般样子？"

唐东杰布笑了笑，这时候的他，已经达到了大象无形的境界，也不置辩，继续埋头吃饭。直到众弟子前来寻找时，当地人如梦初醒，仍旧不可思议地喃喃："活佛真的是这个样子吗？"唐东杰布笑道："我与众生本是一样的，难道活佛就能不吃饭，而要日日如同神灵一般禅修？身为活佛，只不过是担负着行善业的责任啊。"人们群相敬服，将许多铁、铜和黄金赠给唐东杰布。

师徒一行继续东归，走到杰普地方时，路过一家苯教[①]的寺庙。此庙乃是

[①] 苯教：又作"本教"，为西藏本土宗教，崇奉天地、山林、水泽的神鬼精灵等等，重祭祀、跳神、占卜、攘解等。

苯教兴盛时期一位颇有法力的法王所建。苯教与佛教向来不和，寺内的苯教徒见到唐东杰布一行，更是蛮横地把他们赶了出来。弟子道："我们在这里休息一会儿也不行吗？"苯教徒凶巴巴地说道："这里是苯教的圣地，岂容你们玷污？"说罢竟捡起石头砸来。

唐东杰布约束了弟子，没有与对方发起冲突。事后弟子们愤愤不平："这些苯教徒真是可恶，咱们师尊是乌斯藏的大活佛，他们一点礼貌都没有。"唐东杰布说道："怎么能这样说呢，苯教有其自己的看法，既然与我们不同，还是早些分开，各走各的路。至于谁是谁非，我们说了不算数，只有乌斯藏的百姓说了才算话。"他心平气和地远离了苯教寺庙，率领弟子来到了白日乌齐——他亲自命名又念念不忘的蝎形山区。

白日乌齐位于交通要冲，唐东杰布要在这里再造一座铁索桥。但眼下，严寒成了亟须克服的难题。铁链结霜后，变得更加沉重，拉绳的大力士们一个不小心，将一道铁链掉入封冻的河中，将冰面砸了一个大窟窿。如果此时下去的话，不但很难将沉重的铁索打捞出来，而且十分危险。唐东杰布没有为难大家，当场令弟子和工匠们回去休息。

铁索在冰河中封冻了两个多月，唐东杰布就一边讲经行善，一边等待春暖花开。有人等不及，对唐东杰布说："您这样拖延造桥的时日，难道不着急吗？"唐东杰布反问道："铁链掉入冰河，是神佛对我们的警示，很久以来我们忙于造桥，现在总算有了时间修行，高兴还来不及，又为何着急呢？"

春天的时候，唐东杰布亲自带人驾船到河中打捞出铁索，造桥事业再度开启。经过了足够的养精蓄锐，众人齐心合力，使这座名为"强吉朗"的铁索桥顺利建成。

马不停蹄，唐东杰布又来到拉西孜地方，为此地百姓修建了铁索桥。

朝朝暮暮无穷数，点点滴滴殷勤行。从七十岁开始，唐东杰布跋山涉水，用了整整十二年时间，一共修建了五十八座铁索桥，为乌斯藏众生献上了一份造福百世的厚礼。后人有诗赞道：

波涛滚滚的江河之上,
块块石头堆砌的桥墩好比小山。
铁索环环相扣排成一条长链,
整齐漂亮又威武壮观。
众生不分贵与贱,
过桥顺利保平安。
慈善的活佛唐东杰布,
为众人办了一件大善事。
过去的那些修行者,
不乏身怀绝技之人,
也都想为众生行善业,
可又有谁能比得上唐东杰布,
像亲人一般对待众生?
他们纷纷成佛而去,
难道是因有愧而躲避众生?

第十二章　拉萨河上的曲折

岁有荒年，志向更坚

　　藏历第七饶迥火龙年（1436年），一场罕见的旱灾席卷了整个乌斯藏。

　　随着干旱的持续，作物枯死，庄稼颗粒无收，大饥荒在所难免。百姓们只能以树皮草根为食，可再这样下去，连树皮草根都要没的吃了。看到如此惨状，唐东杰布心生慈悲，他断然暂停了修桥的大业，转身为在死亡线上挣扎的众生奔波。

　　他决定前往素有"乌斯藏宝库"之称的任库地区求助。

　　任库地区靠近雪山，水源丰厚，因此受灾较轻。此地有一处大集市，平日熙熙攘攘，十分热闹。但受到旱灾的影响，商人们的生意也少了许多。唐东杰布在这里奔波了一日，等稍微歇息时，天色已经渐渐暗了。

　　他看了看身后随行的弟子。弟子摇了摇头，无奈地示意没有募集到几个钱。唐东杰布思索片刻，命弟子在集市的一角扎下摊子，对外宣称要无偿讲经。

　　弟子面露苦色，说道："师尊，天色都这么晚了，还会有谁来吗？"

　　"你放心吧，我预料今晚就会遇到一位有缘人。"

　　天阴沉沉的，集市上的人影渐渐稀疏起来。阵阵热风吹来，让人很不舒服。唐东杰布头上沁出了汗珠，他已经八十多岁了，在外劳碌持久，身体自然显露出不适。"师尊太累了。"弟子关切地说道。想起这几天为了募捐，师尊都没怎么睡觉，他低下头去道："是弟子不好，总是募不到钱财，连累师尊受苦。"

"现在正是大饥荒，谁都不好过。就算是富人，也有他们的难处。"唐东杰布沧桑的面容上有难以掩饰的疲倦，"毕竟，现在一块金币仅能兑换一克半的青稞，许多家境不错的人也仅仅能让自己吃饱。"

"即便如此，还是有许多奸商囤积粮食，高价卖出，真是可恶。"弟子恨恨地说，"我们辛辛苦苦募集了那么一点钱财，到头来都流进了他们的腰包。我看我们只是白忙活，根本没什么用。"

"不，正因如此，才有了你我奔波的意义。"唐东杰布道，"不要因为旁人的恶念而放弃希望，我们立志行善，便要坚持到底。"他振作精神，看着逐渐漆黑的前方，似乎在执着地等待着其中隐藏的光芒。

就在弟子几乎绝望的时候，迎面来了一位富家少女。唐东杰布眼神一亮，微笑道："这位有缘人，我们是为旱灾募捐的喇嘛，您能否资助给我们一些首饰？"

那位少女吃了一惊，她原本在家吃过了晚饭，出来走走散心。谁料很多商人都早早收了摊。望见唐东杰布所在之处隐隐闪烁着佛光般的温暖，她就被吸引了过来。谁知道这位喇嘛开口就问自己要布施。

"你们是谁呀？我又不认识你们，凭什么白白给首饰？"少女问道。她看了看两人，警惕起来："你们不会是诈人钱财的恶人吧？告诉你们，我是本地最大的商人基多家的女儿，你们敢欺负我，我阿爸可不会放过你们！"

"师尊，还是算了吧，他们这些人，根本就不知道百姓的苦楚。现在许多人都快饿死了，这位富家小姐还如此闲暇地逛街，依我看根本就是没心肝。"

少女面色一红，扬眉正色说："谁说富贵人家都没心肝？这位小喇嘛，你快将话说清楚，到底发生了什么事？"

那心直口快的弟子将沿路上遍地饿殍的惨状一一描绘出来，少女越听越吃惊，眼睛忽然暗了下来，心头五味杂陈。

"你们这些富人，只知道囤积居奇，根本不管百姓死活。你们将粮食囤积起来，自己吃饱喝足，可是许多人都饿死了，不信你跟我们去外面瞧瞧！"那弟子积了一肚子怨气，全都发泄到少女身上。

　　谁料少女并未生气，反而双目盈盈，似有泪光。她低声道："这位大师，请恕我无礼，我年纪小，还没出过镇子，你们说的，我都不知道。"说罢，她摘下了自己身上所有值钱的金银首饰，全部要赠给唐东杰布。

　　"太多了……太多了。"弟子看直了眼。

　　"一点都不多！你们辛辛苦苦为众生奔波，这份诚心当得起这些财富！"少女斩钉截铁地说道。她拉住唐东杰布的袖子："这位老活佛，请您随我回家，我要向您捐出所有的首饰。"

　　唐东杰布没有推辞，值此危急时刻，他当仁不让地说："这真是太好了，今晚我预料有一位大善人光降，看来便是您。您能将所有首饰捐赠出来，一定会得到大善果。"

　　从少女家出来后，唐东杰布意味深长地对弟子说："你看，我还没有讲一句经，全靠你，就求得了这么多布施。所以不要认为自己做的事情没有用啊，有时候你看不见的，并不代表它真的没有。"

两度兑换尽是诚意

第二天，唐东杰布同弟子来到达参地方。这里有个叫作坚赞白增的人，很久以前曾在迪冬桥上带头羞辱过唐东杰布。当年老的他又一次见到这位已经名垂乌斯藏的大活佛时，感到无地自容。他虔诚地拜在唐东杰布身前悔过。

若非听其说明缘由，唐东杰布甚至记不起这个人了，那些不堪的过往，在他心中早已轻如云烟。"善恶终有数，能容且容人。"唐东杰布心中蓦然涌出一丝感慨，他扶起来人，说道："虽然你曾经的恶业已经难以消去，但如果现在悔悟开始做善事的话，未尝不能有一个好结果。"坚赞白增一直被阴云笼罩的心陡然一亮，点头称是。他问明了活佛此行的来由，便出面召集当地富户，一共布施了千枚金币。

此后，唐东杰布还来到昂仁、仁布等地区求取布施。由于他广建铁桥的善名，许多并不富裕的人也解囊相助。短短三个月，唐东杰布就积累了一笔不菲的财富。他坚信，这笔财富将会如同清凉而甘甜的泉水，如在绝顶融化的冰川，汩汩流入龟裂的土地，滋润万民。

当他冒着酷暑，疾行赶回拉萨时，那里的饥荒更严重了。许多百姓已经瘦得有气无力，只能躺在布达拉宫、大昭寺的门口乞讨。即便有善人偶尔施舍一碗粥、一顿饭，也是杯水车薪，无济于事。

唐东杰布派弟子召集了当地几位屯粮的大户，开门见山地告诉他们："必须放粮救济百姓。"这些大户虽然对唐东杰布很尊敬，但没有一个人愿意不计代价地救人。在他们眼里只有金币，哪里还顾得上其他？唐东杰布深谙这些贪财鬼的心理，他将大户们带进一个院子，请他们观看堆得像小山一样高的金币。这些人看得目瞪口呆，有人还不可置信地摸了摸金币，仿佛生怕它们只是唐东杰布施展的障眼法。

商人到底是商人，他们很快冷静下来，开始坐地起价，以高昂的价格要挟唐东杰布。弟子们心中都道："这么高的价格，比平时市面上贵十倍，这不是明摆着欺负我们吗？"谁料唐东杰布竟一口答应了。当商人们派人从家运来了粮食，满载着金币离去时，许多弟子都气愤地看着他们，仿佛在说："真是一群没心肝的守财奴。"

"救人要紧。"唐东杰布一声令下，几个弟子四散出去，告诉民众这个好消息。

唐东杰布带人将粮食运到街上，免费向大家提供。这些粮食一连发了三日，连附近地区的流浪者都闻讯赶来。在人们领取粮食之际，都看见了天际弥漫着象征吉兆的绛红色云朵。唐东杰布站立的地方，散发着佛陀般的光芒。人们高呼着唐东杰布的名字，对他无比拜服。

分发粮食的同时，唐东杰布心中还一直记挂着要向大昭寺的释迦牟尼像供拜祈福，恳求其显灵消弭饥荒。他派出幻身，悄悄来到几个富户家中，说道："我唐东杰布要用金币制作金粉，献给佛像为百姓求福，因此特地找你们兑换金币来了。"

这些商人都觉得十分好笑："前几天你用金币兑换了我们的粮食，如今粮食发完了，你拿什么换金币？"唐东杰布严肃地说："拿你们最珍贵的东西。"说罢为他们讲述了因果善恶的道理。这些冥顽不灵的人不以为意，反而嘲笑唐东杰布说："你不要再说了，你的那些教言都是骗人的鬼话，休想让我们拿出一个子儿来。"唐东杰布叹道："如果你们执意作恶，不信我的话，一定会自食其果。"

商人们都哂笑起来。谁料之后几天，他们不是生了病，就是家中遭了火灾，还有一人出门不久，就摔下了骡子，摔得鼻青脸肿。这些人怀疑是唐东杰布以高深的法力作祟，便花高价请来一位活佛消灾。这位活佛看了看他们的院落和面相，又仔细地询问了最近发生的一切事情，最终无奈地摇头道："我以佛尊起誓，那位大尊者根本没有暗做手脚，一切都是你们自己的报应。"

这些富翁第一次感到了金币的无力，他们后怕起来，便将唐东杰布请来，向他负荆请罪。

唐东杰布道："你们无须向我认错，只要多做善事，必然会消除那些灾祸。"说罢，他将这些人带到大昭寺，请他们捐出金币，向释迦牟尼像敬拜祈福。为了消除灾祸，商人们再也不吝惜资产，纷纷踊跃捐款，为拉萨佛教事业贡献了一大笔财富。此时，那些先前不理解的弟子们才明白唐东杰布不计较粮价的用意。

百姓得到救济后，唐东杰布没有马上离开。他又在大昭寺留驻一月，率领七位修持最深的弟子求佛祈福，并撰写了《消除饥荒祈请文》。相传，很多有佛缘的人亲眼看到，在一片金灿灿的佛光中，观音菩萨从天空撒下五谷。那些饿得躺在地上的流浪者吃了这些粮食，立即变得神完气足。人们纷纷传扬道："这都是唐东杰布的功劳啊！"

百折不挠再架桥

唐东杰布拯救了沦入旱灾的众生后,又开始四处云游,广求布施,以便再架铁索桥。他先后来到猛蚌、洛扎卡曲、捏堆塔玛岗、恰日布那寺和洛扎东区,最后回到了曲日地区。

先前在曲日山下造桥时,唐东杰布在此地储藏了剩余的二百驮铁链。但这次重返时发现,竟然少了一百二十驮。查问之下,才知道是被当地人打成了农耕用的各种铁器。弟子们觉得百姓不懂规矩,擅自动用别人的东西,理应把铁器追索回来。唐东杰布却说:"铁索本来就是工布地区的人赠给我们的,如今被人打成了农耕器具,也算是物尽其用,是一件好事。如果让他们交还,不就是逼人砸锅卖铁吗?我们宁可重新打造,也不能做这样的事情。"他没有追究曲日人,而是命人将剩下的铁索运到拉萨河边的堆龙地方。

堆龙亦是一处盛产铁矿的地方。唐东杰布让弟子们和当地人一起挖矿,三七分成。当地人都愿意合作,视唐东杰布的到来为吉事。唐东杰布亲自参与打铁工序更是让铁匠们感动不已。但一个不懂事的小弟子见状大惊:"师尊您都这么大年纪了,怎么还从事这种卑贱的工作啊!"

按照传统观念,铁匠出身的人很卑贱,一直被人轻视,更谈不上有任何社会地位。但唐东杰布却不顾自己的活佛之身,亲自打铁拉风箱。铁匠们原本荣幸而感激,听到这话几乎恼羞成怒。但还没等他们发怒,唐东杰布便呵斥了这位弟子:"在我这里,没有尊贵和卑贱之分,凡是肯干活劳动的人,就应当得到尊重。如果你再说这些话,就不要当我的弟子了。"那位弟子自知失言,连忙低头认错。

积累了足够的铁索后，架桥工作正式开始。拉萨河水流湍急，岸边土地松软，对架桥颇为不利。桥墩刚一建成，就被大水冲毁。失败三次后，当地人难免有所动摇。人群中流传着这样的话："在这修桥根本就是异想天开，我们每天吃不饱睡不好，却来做这些无用功，真是愚蠢透了。唐东杰布不给我们好处，我们犯不着为他卖命，干脆去找别的活佛听听禅，念念经，那该有多安逸呀！"

但是这些传言动摇不了弟子们的信心，他们追随师尊多年，早已将建桥大业视为己任。他们义正辞严地说道："我们追随师尊唐东杰布，就是为了告别听听禅、念念经的日子。那样的修行看起来闲适安逸，但与师尊的大业相比，却如萤火般渺小。"第二日，唐东杰布派人发话道："凡是不想架桥的人，中午都来我这里说话。"听到这话后，那些人便动了离开的念头。但他们十分心虚，生怕被别人笑为懦夫。于是便四处活动，怂恿起其他人来。可惜没多少人听他们的话，到了中午，唐东杰布住处只聚集了稀稀落落几十人。

出乎他们预料的是，唐东杰布没有责备他们，也没有出言挽留。而是让弟子们拿出准备好的钱财，赠给他们作为参加架桥的酬劳。唐东杰布还温言对他们说："你们都有自己的想法，我不强迫，拿了这些钱就走吧。从今往后，希望你们多做善事啊！"这些人心中十分惭愧。他们离去时，仿佛感到有许多双眼睛在热辣辣地看着自己，那种滋味，就如同做了坏事被所有人知道了一样。

大多数人离开没多久，就心情忐忑地回来了。唐东杰布似乎早就料到了此事，他仍然没有说什么，只是安排这些人重新住下，便如事情从来没有发生过一样。

六年的光阴，让唐东杰布在拉萨河上又留下了一件奇迹般的杰作。他的塑像栖息在当地寺庙长明的酥油灯和终日缭绕的香火里，被当地百姓永远铭记于心。

以宝贝做佛像

当拉萨河地区的百姓们还在为大桥的落成热情欢呼时，唐东杰布便轻车简从，一路云游，经过乃林扎寺、热振寺①、达龙、止贡、吉雄、澎波等地区，最后回到拉萨。他心中一直记挂着一件事情，那便是为大昭寺的释迦牟尼像献出自己的绵薄之心。

他来到释迦牟尼像前，这座通灵的佛像仿佛瞬间读懂了他的来意，借着在殿内扫地的一个小沙弥之口说道："唐东杰布啊，你一直记挂着我，这很好。但如果你能够为大昭寺再塑造一些佛像，那又比向我送供品强得多。"唐东杰布恭敬地答应了，退出后他感慨道："佛祖不求自己金身的光耀，反而为其他神佛求显赫，这是何等的胸怀啊！"他找到多年前曾帮助自己在拉萨河上架桥的女施主格桑，商议铸造佛像之事。

近年来，唐东杰布及子弟四处云游，接受了许多善心人的布施，积累了大量的黄金、松石、海螺、珍珠等宝贝。女施主格桑慷慨地答应捐出两颗优质松石，并为唐东杰布将拉萨的能工巧匠都找了来。当听到活佛要将这些宝贝做成佛像的时候，那些素来以心灵手巧著称的工匠还是犯了难："我们从未听说能用珍珠、松石等物制作佛像，您不会是在做梦吧？"唐东杰布点悟他们说："你们都是能工巧匠，怎么不懂得变通呢？可以先用金银铸造一个金刚佛的化身，然后再镶上松石、珍珠就可以了。"工匠们这才恍然大悟。

大家齐心合力，为大昭寺添置了金刚佛、药佛、观音佛、文殊佛等佛像，

---

① 热振寺：位于拉萨市北部林周县境内，是藏传佛教噶当派的第一座寺庙。

并在这些佛像的胸腔内嵌入先代有德活佛留下的骨珠。唐东杰布率领喇嘛们祷告了七日七夜，自此以后，大昭寺散发出更加纯净的金色光芒，整个面貌焕然一新。此乃拉萨佛教界罕有的盛事，几位有名的活佛都前来道贺，恭祝唐东杰布健康长寿。

许多修行者也慕名而来，恳求唐东杰布传与法门。唐东杰布因材施教，尽力满足了他们的要求。但还是有许多人不满足，希望能拜在唐东杰布门下，将所有高深的佛法都学去。唐东杰布慈祥地看着这些年轻人，心中暗自感叹：许多追随我的年轻人都是这样，总是这山望着那山高，放着眼前的佛法不修，想方设法地求活佛传尽法门，似乎一朝得到传授，一辈子的修行就有了着落一样。他们还不懂得，修行本身就是不断根据自身进境来调整，哪能像只知道吃食的牲口，一下子将佛法都贪尽呢？不过他也理解这些年轻修行者的心态，便循循善诱，花了数个月时间引导他们回归正道。

对于那些身世显赫的富贵子弟，唐东杰布更加注重其功课修行，使他们明白一切金钱皆虚幻，必须用来行善才能收获善果。

唐东杰布以八十岁之高龄，不遗余力地为乌斯藏众生的事业往来奔走着。在他心底，建桥济世、光耀佛门、点悟众生这三件事交织在一起，汇成一股坚定不移的力量。这一年深秋之际，一个从中原回来的喇嘛找到唐东杰布，为他讲述了自己游历青海、甘肃、河南、河北等地的见闻。唐东杰布听说那里的佛教十分兴旺，便起了前往内地游历的念头。

第十三章　布下行善之种

萦绕不散的亲情

在去内地之前，唐东杰布仍放心不下乌斯藏的百姓，他想在走之前再建几座铁索桥，便再次来到工布地区，带领弟子冶炼铁矿。此后，他同弟子前往康区，让一座座铁桥稳健地横跨于澜沧江、雅砻江、怒江之上。

一天正在赶路时，唐东杰布忽然预感到远在仁钦顶的二哥罗奔白翠去世了。他的心怦然一震，旋即走到路边一棵树下禅坐。

"师尊，您怎么了？"弟子轻声问。

"我的亲人去世了，我要为他颂经祈福。"唐东杰布淡淡回答，脸上看不到哀恸。

白云温柔地缠绕着太阳，透过枝丫漏下暖暖的光芒，流淌在青青的小草以及唐东杰布沾着泥土的草鞋上。这位八十多岁的老者回忆起了年幼时跟着大哥、二哥玩耍的日子，那纯真灿烂的笑容，那血浓于水的亲情，已在他的心底沉寂了许久。

我的亲人啊，你们可还记得我吗？

唐东杰布将毕生精力都献给了乌斯藏百姓，从来无悔。自长大成人后，他很少有机会同亲人团聚。岁月流逝，他们渐渐老去了，一如雅鲁藏布江那奔腾的流水，滚滚东去，再不复还。

他是活佛，亦是普普通通的人。在他心中，不是没有过伤感和思念。

但是，肩膀上担负的责任，让他必须一往无前，为众生开辟一条光明大道。

唐东杰布在怀中取出一颗随身多年的珍珠，那还是昔日母亲留给他的。他用手指挖开土壤，将这颗珍珠掩埋在内。带着一缕牵挂，闪闪发光的珍珠渐渐隐没在土里，没有色彩，没有光芒，只有那沉沉的思念，道出血脉中剪不断的点滴羁绊。

唐东杰布闭目凝神，为二哥罗奔白翠念了七遍《果那那经》，祈祷他来世能有善果。

仿佛经历了一个很长的仪式，等到再起身时，他的眸色又与起初一模一样。

有弟子走来，轻悄悄为他掸净了泥土。

"师尊，这就走吗？"

"走吧，我们还要建桥，之后还要赶往甘孜地区，调伏那里的百姓啊。"唐东杰布拄着一根木杖，身背微微伛偻。

或许，他真的太累了。

"师尊……"弟子们看着这个打起精神前行的老人，彼此用目光交流着。他们没有说话，收拾东西追随而去了。但是在他们的心底，已经达到了一个无声的默契，那就是永远追随唐东杰布，延续他如万道佛光般绚烂的善行。

师徒一行来到甘孜地区，受到一位汉族修行者的指引，来到当地有名的达孜寺借住。赶到那里时，太阳已经快要落山了。远处忽然传来一阵呼救声，唐东杰布率领弟子们去一探究竟。大家绕过一处拐角，眼前是一处院落，那呼救声正是从院中传出。

"开门，快开门！"

一个勇武的弟子破门而入，众人跟进去一看，只见一家十个兄弟正围住一人痛打。一个弟子义愤填膺地说道："一个对一个，胜者是好汉。十个人打一个算什么？"唐东杰布也出言相劝。谁料那十兄弟不听劝说，反而骂道："你这个避世修行的喇嘛，自己都找不到什么出路，不好好躲在山洞里，还来多管闲事！"

弟子们勃然大怒，都要上前捍卫唐东杰布的尊严，这次唐东杰布没有反对。他让弟子们围住十兄弟，道："既然你们十个人欺负一个人，我就可以用一百人欺负你们。这就叫作报应。"十兄弟慌了，连忙改口说："你们刚才说一个对一个，胜者是好汉。老头，我们要和你单打独斗。"他们看唐东杰布已经是八九十岁的人了，根本就不放在眼里。谁料唐东杰布笑道："好！如果我赢了，你们就放了这个人。"十兄弟满口答应。

十兄弟商议了一下，派出体格最健壮的老三。而唐东杰布则亲自出场。他昂起头，朝着对手做出德卒的手势。老三不明就里，挥拳要打，却发现什么力气都使不上了。

另外九兄弟见情形蹊跷，不由分说便一拥而上，哪知道霎时间他们好像都撞上了一堵墙，不但没有对唐东杰布造成丝毫损害，自己反而痛苦不已。他们这才知道遇到了高人，只能愿赌服输。唐东杰布没有立即离去，而是留了下来，为他们讲了三天经。

这些人第一次听说因果报应的道理，回想起从前确实做过许多恶事，扪心自问，心中不禁懊悔又忧惧，纷纷恳求活佛出手解救。唐东杰布道："你们的罪业已经种下，这是没有办法的事。不过现在开始改过从善的话，最终会得到善果。"言罢便收十兄弟做了弟子。

当地人得知乌斯藏来的喇嘛调伏了这十个出了名的恶人，便带着马匹、绸缎等礼物来访。一见之下，才知道眼前这位八十多岁的老者便是声名广传乌斯藏的大活佛唐东杰布。甘孜人恭敬地献上了礼物，并请唐东杰布为不久前在一场地震中丧生的同胞超度。唐东杰布说："只要修建一座强久塔即可。"

唐东杰布在此地逗留了一年，亲自指挥了修建工作，并禅坐其中，为不幸丧生的生灵祈福。待一切圆满之后，他指示弟子留在这里继续调伏众生，自己只身前往内地去了。

皇帝前的教法国王

一路经由青海、陕西，唐东杰布来到位于山西的五台山，拜会了当地的众多高僧。这正是明英宗朱祁镇统治时期，不久之前，军队在大臣于谦的带领下，打退了瓦剌的入侵。明朝正处在百废待兴的恢复期，五台山的礼佛事业十分兴旺。

山上的住持以汉传佛教的礼节迎接了唐东杰布，他寒暄道："你乃乌斯藏活佛，从那里到此地，路途遥远，需要翻过多少高山峡谷，涉过多少大江大河，穿越多少山林草地。你如此高龄，竟然历尽艰险，只身来到此地，可以比得上先代的高僧玄奘大师了！"唐东杰布逊谢道："怎敢，怎敢。我跋涉千里来到此地，为的是向各位高僧聆听教义，请教佛法，以便回去普度众生。尽管我对贵山宝地一无所知，但还是要夸上一夸。这里洁净如同琉璃一般，好似众罗汉之居所，空行母之集结地。我听说这里具有高深智慧的得道者如同雨后春笋，层出不穷，如若不弃，我冒昧请求向各位听经学法。"

五台山的僧人早就耳闻唐东杰布的大名，见他如此谦恭，更增敬意，都说："不敢，不敢，汉藏佛教虽有差异，但追本溯源，都是同流。我们对藏传佛教的经义也十分向往，请您在这里住上一些时日，我们可以互相印证法门。"

唐东杰布在风景如画的五台山居住了八个月，倾心学习了汉传佛教诸般精辟之处。这些日子，可以说是这位为乌斯藏众生不停奔波的老者最轻松愉悦的日子了。他与花鸟鱼虫为伴，青山古木为友，谈笑有高僧，往来无俗人。八月之后，他精神抖擞，走路强健有力，看起来好似年轻了十几岁一般。

在此期间，周围许多百姓都听说了这位来自乌斯藏的大活佛，他们怀着好奇的心态前来拜会。唐东杰布来者不拒，无论是多么贫穷潦倒的人，都同他们认真地讲经说法，加持祈福。但若是遇到那种附庸名流，以拜见大师来夸耀自己的人，唐东杰布便将他们拒之门外，一概不见。

结束了五台山的修行后，唐东杰布继续东行，最终来到了紫禁城。他坐在皇宫门口一棵大树下的石板上休憩，恰逢文武百官簇拥着皇帝的銮驾从宫内出来。百姓们山呼万岁，唯有唐东杰布一动不动。一位大臣上前斥责道："站起身来，向皇上磕头祈福！"唐东杰布道："由于生前积累了莫大善缘，他今生才做了皇帝，但由于他没有按照教法治国，因此将来难免会有恶果。而你只不过是他的传令官罢了。我劝你还是不要仗势傲慢，你没有理由叫我下跪，因为我也是国王。"

大臣奇道："你孤孤单单一个人，怎么能当国王？"唐东杰布答道："我乃教法之国王，四大业便是我的国土，追随者便是我的大臣，他们齐心合力辅佐我行善业，我们以慈悲和怜悯为武器，把众生从痛苦中解救出来。如此说来，我不是国王又是什么？"

听了这惊世骇俗的回答，大臣们都面面相觑，生怕皇帝生气。坐在銮驾中的皇帝也听到了这番话，虽然也觉刺耳，但细细一想，也颇有道理。他认定此人是一位有真本事的狂僧，罪之不祥，便吩咐队伍继续前进。大臣们都替这位胆大包天的喇嘛庆幸，只有唐东杰布心想：皇帝和大臣现在看起来不能理解我的这番话，将来终有一天，他们会认识到自己的愚行。

消除贪念，尽己本分

唐东杰布离开了内地，又独自一人跋涉了数月，好不容易返回了甘孜地方。自去岁率领弟子修建强久塔，超度在地震中丧生的百姓后，甘孜人民十分崇敬他。见到这位大活佛归来，人们送上了大量礼物，并请他为强久塔加持。唐东杰布欣然应允，并真诚地说道："如果你们从此能一心向佛，多行善事，会比送礼物更让我高兴。"人们点头称是，表示以后一定遵从活佛的教诲。

行善之路漫长修远，唐东杰布与弟子又依次去到木雅、阿达雄两地，建造了两座避邪祛灾的强久塔。其间，他平息了木雅地区百姓的斗殴，降服了在阿达雄地方吃人作恶的野兽。两地人民对他钦佩敬服，他的声名再次得到了传扬。往后这位活佛所到之处，当地百姓无不热情接待。

然而，当事物发展到巅峰的时候，傲慢和贪念往往也悄然而至。看到师父如此深受爱戴，一些弟子也跟着飘飘然起来。他们有的打着师尊的旗号，向百姓要吃要喝，有的不顾百姓的财富状况，任意索要钱财。有人觉得这些年跟随师尊东奔西走的日子太苦了，干脆找了一处寺庙住下，凭借着唐东杰布的声望，作威作福起来。

这一切唐东杰布都慢慢觉察到了。他黯然叹息，回想当年最初架桥时，就曾立下誓言："当我们造福于民时，厌烦、悲伤、懒惰都是灾难，说得再好，犹如唱歌，如果不做，终究无济于事。僧人住在山上像野兽，钻进崖洞修行像老鼠。凡是乐于跟随我的人，不要讲究吃和穿，造福于民应身体力行。"

想到这里，唐东杰布既气愤又伤感。他令人召集弟子们来到身边，对他们说道："近年来许多人打着我的名号，做出的却是违背我行善宗旨的事情。我不忍看到乌斯藏百姓因我而解脱，又因我而受苦。从今往后，你们都散去吧，不许有人再说是我的徒弟了。"弟子们无比惊愕，都跪在地上说："如果不是您的指引，我们恐怕还待在各自的寺庙终日坐枯禅，丝毫不能感受到为众生奔走行善的珍贵与快乐。我们好不容易追随您到今日，您怎么能因一两个害群之马，就舍弃我们呢？请您千万不要再说这些丧气话，我们发誓追随您的事业，矢志不渝。"

唐东杰布道："既然这样，那我就必须对你们严格要求，从今往后，如果谁再做出阻碍行善大业、祸害众生的事情，就不再是我的弟子。我不仅不会怜悯他，还要用教法来追究他的责任。"弟子们恭敬地答应了，并保证互相砥砺，不做恶事。

随后，唐东杰布又单独教导了个别品行不端的弟子，让他们悔过向善。处理了这件事情后，唐东杰布启程出发，准备再行善业。

不完美才是常态

唐东杰布经由桑耶齐布山回到拉萨，白天禅坐在大昭寺的释迦牟尼像前，晚上栖息在寺内一处经过加持的屋檐下。他指派弟子携带着近年来的积蓄，自己也打点行装，准备到止贡却岗渡口再造铁索桥。

这时，那位多年来资助自己的挚友——女施主格桑病重的消息，让唐东杰布暂时中止了计划。他马上朝她家赶去，路上遇到她的仆人，便问道："她还健在吧？"那人回答："主人还好，她一直念叨着您呢。"

来到格桑家后，唐东杰布见到格桑正哭泣的丈夫和儿子，便安慰他们说："你们放心吧，格桑一生都行善业，离世后必然飞升到莲花界中去。"格桑的丈夫点头称是。儿子却叹道："我不要她飞升到莲花界，只愿她醒过来。"唐东杰布走到格桑身前，在她耳边轻轻摇了三下铃铛。她一听便睁开眼睛，对儿子说："儿子啊，活佛来了，你怎么在那儿傻站着？快取些布施来。"唐东杰布制止了她，说道："我这次来不是求布施，而是专为你来的，请你安心，我一定为你祈祷。"

躺着的老妇人身子微微颤动，眼角流出浑浊的泪珠，她握着唐东杰布的手，说："知三时的大活佛啊，您今天能到我这儿来，我就很感激了。哪能奢望求您为我祈福？过去，我只知道做生意赚钱，觉得那已经是很快乐的事情了。如果不是遇到了您，哪里还会想到佛法呢？自从见到您，我才真正懂得了佛法的意义，并开始行善修法。正是因此，在我将要离开时，心中才会安宁不惧。我唯一担心的，就是遇到您之前所种下的恶业能否消除。"

"你能行善业，是自身的资质和悟性决定的，我只不过是你的引路人。至于你之前所行的恶业，也会因之后所行之善业而消减。再说芸芸众生，任谁一生都不可能完美无缺，不完美才是常态，最重要的是你能否改过，而你已经做到了。现在请你安心躺下，让我为你祈祷。"说罢，唐东杰布扶着格桑躺了下来。自己退在一旁，祷告道：

> 与信仰有缘的女施主格桑，
> 望你的灵魂离体后，
> 即刻升到莲花界，
> 加入智慧空行母之行列，
> 跟随大圣莲花佛，
> 修行深奥之妙法，
> 取得圆满之妙果。

唐东杰布的祈祷异常灵验。传说，那天夜里，人们亲眼看到一位空行母和几位灵童驾着祥云飞来，将女施主格桑的灵魂接到莲花界去了。

不久后，唐东杰布来到位于布达拉宫右侧的药王山上，对着药王菩萨像祷告了整整二十一天，希望能让行善之人少生疾病，健康长寿。他又请巧匠用松石塑造了一尊代表自己的佛像，希望能对此地的众生有所帮助。此后，唐东杰布离开拉萨，赶往白却日山。

追随者的心声

山路是意志的敌人，特别是在颠簸、曲折的白却日山上。一个冷清的夜晚，一位名叫噶举坚赞的旅者背着行囊，忍受着睡意摧残之苦，咬着牙举足前行。无数次地在睡意中挣扎，又无数次地被冷风吹醒，这是最痛苦的时候，幸好有一点星火忽然出现在前方，噶举坚赞抬头一看，一位年轻的喇嘛掌着灯等在那里。

"请问您是来找唐东杰布活佛的吗？"

"是的！"噶举坚赞大喜，忽然又一惊，愣住："你是谁，怎么知道我的来意？"

"师尊早早让我在此守候，请跟我来。"那位喇嘛微微一笑，引着他走入一条小径。

穿过成荫的树林，两人来到一处小寺中。噶举坚赞一路困惑，忍不住追问道："您是唐东杰布的弟子吗，难道活佛早就知道我会来？"弟子微笑道："您不必问了，见到活佛就水落石出啦。"说着将他引到一处屋门前。

"噶举坚赞，请进吧。"唐东杰布的声音在屋内响起。

"天啊，您不仅知道我会来，还知道我的名字！"噶举坚赞进入室内，看到一位盘坐着的慈祥老者，忍不住惊叹道。唐东杰布道："我的朋友，不必惊讶，我之所以知道你，全是托了你主人的福。"

"什么？我的主人阿吉桑布？"噶举坚赞更加困惑了，"您见到了我的主人？"

"日间，你的主人来拜访我，说起他的一桩烦心事。"唐东杰布看了看噶举坚赞瞠目结舌的神情，有些忍俊不禁，"是啊，就是山下的大富豪阿吉桑布。他说最近自己的管家噶举坚赞好像失心疯似的，既不收租子，也无心做生意了。只是每天虔诚地祷告，念叨着唐东杰布的名字。他来问问我，遇到这种事情该怎么办。"

"如您所说！"噶举坚赞大声道，"久闻您在乌斯藏行善的大名，我心中十分仰慕。听说您最近来到白却日山，我便想辞了管家的工作，拜入您的门下。"说着他激动地向唐东杰布拜倒。

"快请起，善良的管家。"唐东杰布将噶举坚赞扶起，笑道，"如果我收你为徒，你的主人不是会忌恨我吗？"

"在阿吉桑布那里不过是为他积累财富，在您的门下，才能真正为同胞们做些好事！"噶举坚赞握紧拳头，坚毅的脸庞满是决心，"我早就听说您的善名，一直有心效仿，请您圆了我这桩心愿吧！"

"噶举坚赞，我瞧你还是做管家的好——"唐东杰布忍住笑，故意拖长了声音。

"什么，您不肯收下我？"噶举坚赞很是沮丧。

"不，你在我这里，就不能做管家吗？"唐东杰布说道，"阿吉桑布说你既能识文断字，又懂运筹计算，还知晓如何管理工匠，是一名不可多得的全才。我正要在白却日山上雕塑一尊镶有宝石的未来佛像。你肯帮我做这件事情吗？"

"当然，请您放心！"噶举坚赞喜出望外，他拍拍胸脯，"我一定不负您的重托！"

名不见经传的噶举坚赞被任命为总管的消息传了出来，让很多人大感惊讶。此次用来雕塑佛像的宝石都是乃东头人所馈赠，颗颗价值连城。一名弟子私下问唐东杰布道："噶举坚赞才追随您几天，您不怕他带着宝石逃跑吗？"唐东杰布笑道："如果他真的跑了，便是一个大大的蠢人。他得到的不过是几颗毫无用处的宝石，失去的却是一生的财富。不过我看他不会这样。"尔后，唐东杰布还将多年积攒的松石、青金石、琥珀、海螺等宝贝全部交给噶举坚赞，让他塑造药师佛和空行母像，并将《丹珠尔》①全卷的修订工作一并托付于他。

《丹珠尔》是西藏大藏经二藏之一，包罗万象，经义奥妙，非精通古藏文之智者不能完成。噶举坚赞白天带领工匠们塑佛像，夜晚挑灯修书，焚膏继晷。过了一个月，他便累伤了身体。一位手下愤愤说道："活佛让您做这么重的活，不仅没有报酬，连一句安慰鼓励的话都不说，我瞧您不必为他卖命了，不如带着他交给您的宝物离开吧。"噶举坚赞神色严肃地斥责他道："我追随唐东杰布活佛，并不是因为他给了我多少好处，也不是为了求他夸赞。我现在受的这些苦，和活佛几十年为了众生奔波劳碌比起来，就好似滴水同江河的差异。活佛如此信任我，我岂能辜负他？以后切莫再说这样的话。"说罢支撑起来，强打着精神带病修书。

唐东杰布没有看错人，半年后，噶举坚赞将师父交给自己的任务悉数完成。唐东杰布于是对众人宣布："从今往后，乌斯藏地方的所有铁索桥和船只，以及从属我的僧人、寺庙和土地，统统委托给噶举坚赞掌管，大家都要听他安排，只要他不违背誓言，你们便不能违抗他的指令。"

弟子们几乎不敢相信自己的耳朵。虽然噶举坚赞的成绩有目共睹，但他只不过追随了活佛半年呀！怎能比得上追随他几十年的弟子呢？有些人对这个安排心怀不满，总是来唐东杰布身边说噶举坚赞的坏话。而唐东杰布往往笑道："当初噶举坚赞掌管着我的所有宝贝，尚且没有辜负我，我为何要相信你现在说的话？"噶举坚赞暗自领受了师父的恩情与厚望，发誓要永远追随唐东杰布。

晚年的唐东杰布，不仅保持对自己的严格要求，还越来越重视对他人的教化，他深知百年之后，行善大业必然要依靠代代传承。

一日，他来到仁布雅迪地方，为这里的一百多位修行者讲述守饥行戒律。

---

①《丹珠尔》：与《甘珠尔》合为西藏大藏经二藏。西藏大藏经分为教说翻译、论著翻译两部，音译便是甘珠尔、丹珠尔。"甘"的意思是教，"丹"的意思是论，"珠尔"的意思是翻译。

众人都恭敬地磕头受教。只有三个喇嘛感到很不自在，私下议论道："俗人的目光多么短浅啊！这位避世的疯子到处招摇撞骗，所说的教法漏洞百出，根本不值得磕头。"

有人听到他们的话，说道："我看不能这么说，我听说这位活佛闻名遐迩，绝非滥竽充数之辈。"三个喇嘛道："既然这样，我们不妨试他一试。"

三人走到唐东杰布身前，用尽毕生所学诘问他，希望能难倒这位老人。唐东杰布不急不忙，当着所有人的面，以智慧为兵刃、禅理为剑锋，将他们驳得理屈词穷。三位喇嘛绞尽脑汁想刁难唐东杰布，反而落入魔道，越说越不成话。

唐东杰布心中激赏他们的才能，不忍心看他们着魔下去，便说道："如果你们仍不信服的话，我就退出仁布雅迪，不再打扰你们的修行了。"说罢起身离去。诸修行者都诚心诚意地出言挽留，那三个喇嘛面目羞惭，再也无心辩驳。他们逃出场地，相约躲入一处山洞修行，希望有朝一日能驳倒唐东杰布，洗雪前耻。

看着他们匆匆离去的背影，唐东杰布无奈地摇了摇头。

以我之善，及人之善

即便是再伟大的英雄，再善良的圣者，世人对他的评价也不可能是完全一致的。总有人带着误解、嫉妒、贪心、憎恨的眼光看待他们。历经风风雨雨，早已返璞归真的唐东杰布深知这一点。因此，他不会强求所有人信奉他，承认他的正确。而是希望用自己脚踏实地的行动来感化更多人。

"我常常感觉时间不多了，如果还拘泥于口舌之争的话，就会浪费为众生行善的时光。"一次与弟子的交谈中，唐东杰布如是说。

很多弟子都难以理解师尊不争清名、不驳毁谤的处世态度。面对他们的关怀、崇敬，以及希望捍卫师尊名誉的心情，唐东杰布总是笑而不答。

离开仁布雅迪后，唐东杰布耳闻白朗地方有一座佛教圣地佳科德庆寺，便赶往那里，希望能朝拜寺中供奉的佛陀。在一个凉爽的拂晓，他一声不响，悄悄骑着马儿上路了。当他进入寺庙时，几个喇嘛骂道："哪里来的老疯子，不准骑马进来。"说罢捡起石头砸来。唐东杰布淡淡一笑，在乱石中泰然自若地穿行。来到经堂前方才下马。他一步一步走上台阶，先朝拜释迦牟尼像，而后朝堂后走去。可是那些喇嘛追了上来，不由分说就将他赶了出去。

"你们为何驱赶我？我只是来朝拜佛陀的。"唐东杰布平心静气地说。喇嘛们道："你这老家伙，怎么不守规矩？既然来朝拜佛陀，就要向我们行礼，恭恭敬敬地牵着马进寺。"唐东杰布笑道："在我眼中，你们的规矩不过是佛堂背后的一粒尘埃，有则可，无则亦可。我是为朝拜佛陀而来，而非为你们而来，何必相互阻扰？"那些喇嘛心神一愣，都觉这道理闻所未闻，却又无法反驳。他们只得蛮不讲理地说："我们发誓不让你进去，你能怎样？这儿是我们的地盘，一切都要听我们的住持日不登做主。"唐东杰布道："好吧，那就请你们的住持出来讲讲理。"

　　日不登住持是一个不到四十岁的人，高高瘦瘦，颇有修为。当他匆匆忙忙赶到寺外时，才愕然发现眼前这位八十多岁的老者，正是自己年少遇到过的那位享誉乌斯藏的圣者唐东杰布。昔日他曾混迹在芸芸众生中，听这位活佛讲经说法。虽然只是几日，唐东杰布莲花般妙悟的佛法却在他的脑海里刻下了不可磨灭的印痕。日不登赶紧施礼道："为众生行善事的大活佛唐东杰布啊，您怎么光降敝处啦？你们这些愚人，还不赶紧向活佛赔礼道歉。"弟子们如梦初醒，满面尴尬，支支吾吾，不知如何是好。唐东杰布一笑道："没什么事，我只是想来拜拜佛，现在心愿已了，也该回去了。"

　　日不登心中十分歉疚，他恳求唐东杰布入寺叙谈。唐东杰布道："他们发誓不让我跨入寺门，我也不会做这样的事。"日不登不由分说，让喇嘛们强行将他抬了进去。盛情款待一番后，又为他送上丰厚的礼品，并请求他来掌管寺院。唐东杰布笑道："多谢你的美意，不过为了向众生行善业，我曾决心不在一处地方久驻，所以也不会在这里当住持。"说罢起身告辞。

　　住持盛情相送，两人乘着马，一起走了大半个时辰。临别之际，日不登再次表示歉意说："都是我约束不严，让弟子们闹出这么大误会，请您饶恕。"唐东杰布摇了摇头，表示毫不介怀。他年少时就被人称为疯子，面对着世人的冷眼，他从未动摇过，只是坚毅地朝着自己的道路不断前进，哪还会在意这些误会呢？不过……

　　唐东杰布迟疑了一下，语重心长地对日不登讲述了自己近年来关于约束徒众的困惑和感悟。

　　"日不登啊，你我普度众生的道路还很长。而度人之首，便是度己。如果不能约束身边的人，不能让他们领悟佛法精深之奥秘，还怎样教化平民百姓呢？"唐东杰布感慨道。日不登愣住了，仔细想来，平日里自己确实只注重个人的修行，疏忽了对寺中喇嘛的点悟。

　　独善其身固然很难得，但以我之善及人之善，更是我佛本色。

教化达那姑娘

是什么机遇让活佛来到达那地方，
拯救这里的迷途羔羊？
我虔诚地向您祈祷，
请您救救无路可去的姑娘。

在离开白朗地区，去往达那的路上，唐东杰布听到一副动听的歌喉从前方传来。他闻声看去，只见一位楚楚可怜的少女朝自己走来。唐东杰布与她相见后说道："这位姑娘既然知道我的名字，不妨将你的难处说来听听。"

这是一位刚刚与家人发生矛盾，离家出走的少女。她将解脱满怀愁苦的希望，全部寄托在唐东杰布身上。她款款下拜，抽噎着继续唱道：

具有佛体的大修行者唐东杰布，
请您救救在世间流浪的我，
让我修行入佛门，
快给我剃度吧！
尽管我无厚礼布施，
但有一颗皈依佛门的诚心！

说罢，这位少女便将头上戴着的松石、珊瑚、珍珠等饰品摘下，送给唐东杰布。唐东杰布看着充满稚气的少女，心想：这分明是一个还未经历世事，还未感受凡尘诱惑的年轻生命。如果我此时收她为徒，将来她还是会耐不住寂寞，向我恳求还俗。于是唐东杰布也对少女唱道：

聪明伶俐的小姑娘，
你有皈依佛法之愿很难得。
但你是否是因为与父母生气，
又是否只是一时兴起？
我招收弟子从未计较礼品丰厚微薄，
诚心诚意者我都一视同仁。
你刚才的言行未免有些稚气，
可见你皈依之念乃一时冲动，
必然稍纵即逝，见异思迁。
即便剃度发誓入了佛门，
没有恒心和意志，
那就遵守不住法规戒律。
如果做不到始终如一，
哪里还谈得上八风不动、八法一味？
请你仔细想一想吧，
诚心诚意对待佛法，
不在于拜得什么名师。
专心致志地修习，
必将领悟教义，修成正果。
若你能坚定信仰，再舍身舍心，
那就能认识和把握一切妙法，
佛身也会如同太阳自然生起。

少女听罢，虽然还不完全明白，但已经领悟到了许多禅理。她认识到了自己的轻率，便诚心诚意向唐东杰布悔悟。唐东杰布请她坐下，为她讲了许多入门佛法。分别时，少女依依不舍地说："请您一定要保重身体，等我修行得法后，再来拜入您的门下。"唐东杰布微笑着答应了。

继续前行，便来到杰普冬地方。此时僧人和弟子们也赶着驮队来到此地。唐东杰布召集弟子和当地百姓，说道："为了众生的幸福快乐，我想在此地修建一座麦杂塔，存放《甘珠尔》经书，现在我为你们誊写一套作为原本，另一套由你们负责抄写，你们愿意吗？"

这是求之不得的际遇。当场便有许多人报名请求参加抄写。十几个日夜过后，两套经书全部抄录，并得到了唐东杰布的亲自加持，成为麦杂塔内的重要典藏。

修建麦杂塔后，师徒一行马不停蹄，又赶到叶如①地方。正值冬季，冰雪封锁了雅鲁藏布江。唐东杰布带人观测后，觉得可以趁势在此地修建一座铁索桥，于是便请叶如百姓帮忙。叶如百姓无不倾力相助。甚至有一位叫旺扎的施主，一次就送来了一百克青稞。

藏历第八饶迥火兔年（1447年）元月初一，叶如铁索桥赶在唐东杰布八十七岁前建成了。唐东杰布又了却了一桩心事，喜悦与疲惫交织。此时，恰好弟子噶举坚赞发来了邀请，唐东杰布交代了一番后，准备到噶举坚赞居住的地方休息一段时间。

---

① 叶如：吐蕃时期建立的四大军事区域之一，大致相当于日喀则市雅鲁藏布江以北的地区及那曲地区西部的一部分。

第四部

戏神·唱作 众生悲欢都倾尽

若问,是谁传下这行业,不用专门的藏戏班子出场,那些面具、服饰、壁画、唐卡就会蜂拥着向我们表明,那个传唱不休的名字叫作,唐东杰布。

心念恩慈的藏族人民从来不执于打探藏戏的最早起源,他们身袭能歌善舞的血脉,情愿只铭记这一感动,在每一幕开场戏,每一个雪顿节,每一次实地演出中,将干净的灵魂嵌入藏戏缤纷而吉祥的仪式,让这片肥沃的土地永沐高山、雪域、峡谷的神圣辉光。

然而,就连唐东杰布本人也不可避讳的事实是,这伟大事业的奠基与发展得益于一个偶然为之的契机。它开始于修桥、造船、补路的缝隙中间,以一个募集资金的工具式配角登上历史文化舞台,却从此如一簇焰火愈燃愈烈,灿烂、蓬勃以至和高亢激昂的音乐、使人迷恋的鼓钹点子恒久而亲密地联结在了一起。

第十四章　始于偶然，止于永久

与七千流浪艺人有关

时光在雅鲁藏布江奔腾的河流中一去不返，数十座散布于乌斯藏各地的铁索桥，无声地记载着唐东杰布一生的辉煌事迹。当他老了，闲坐在拉萨街头，看来来往往的旅人穿梭而过时，每个人都为他驻足，对他顶礼膜拜。这种敬意，不因名，不因利，只因他始终心系众生。

当人们回忆他那段辉煌岁月时，有一条线索不可磨灭。它来源于缺乏建桥资金这一最直接的问题，与建桥事业互相配合，彼此相生。它伴随在每一座铁索桥修建的间隙中，带着宗教式的吟哦，将歌唱艺术牢牢地印在众生心底。这便是由唐东杰布一手创造的新式藏戏。

多亏了他晚年的得意弟子噶举坚赞，这位尽职尽责的管家帮助唐东杰布整理财物时，无数次地惊叹于来自唐东杰布名下的藏戏队所带来的不菲财富。有一天，这位忠实的管家找到师尊，希望能为他记录这朵美丽的意外之花盛开的始末。唐东杰布笑道："将那段岁月记载下来，对于后代人来说，也是一件善事。"言罢，他陷入了长久的静默中，回忆如水，纷至沓来。

"最早的时候，还要从我去拉萨时遇到的七千流浪艺人说起……"

噶举坚赞详细地将师尊的口述记录下来，一个个深夜，每当他独自整理这段历史时，心中都充满沉甸甸的厚重感，或许他意识到，创造藏戏这段看似属于建桥期间别出心裁的事迹，在将来的某一天，其意义会超越建桥本身。

夜深了，那段回忆已整理完毕。只有纸上的一痕淡墨，簇拥着几个草拟的卷名。月华初上，带着初春的微风，将噶举坚赞深思的窗景映照得如此幻美。他又一次翻开卷宗，查检着疏漏，斟酌着措辞：

昔日，上师唐东杰布还未成名时，曾在通往拉萨的雅鲁藏布江边避世修行。他有超人之能，可在结着薄冰的湖面上行走自如，因此帮助了诸多想要渡河的人。

上师唐东杰布在雅鲁藏布江边结束了为期一年的避世修行后，便前往拉萨。途经达拉白山顶时，碰到了从萨迦出发，要到拉萨朝圣的约七千名流浪艺人。唐东杰布便与他们结伴而行。在路上，这些流浪艺人有的跳道舞，有的唱道歌。唐东杰布问道："你们唱的是什么？"艺人们回答道："都是一些古老相传的佛教跳神舞蹈。"说罢，一个艺人拿起一根棍棒，在地面上指指画画，用早已熟记于心的唱词，讲述起佛祖释迦牟尼得道的故事。几个艺人跳着步子，为他的唱词配舞。

在前往拉萨的一路上，流浪艺人们十分乐意地为这位在他们眼中谦虚好学的喇嘛表演了许多歌舞，上师唐东杰布便将这些吸引人的唱词和舞蹈铭记于心。作为回报，他为这些艺人讲经说法，给他们灌输了因果循环的道理。

这段偶遇，便是上师唐东杰布创造新藏戏的缘起。

意外的创造

与流浪艺人的偶遇在唐东杰布心底播下一颗小小的种子。直到后来,在修建铁桥遭遇资金匮乏时,这粒种子才被唐东杰布从记忆中栽培出来,渐渐变成了一株成荫的大树。

修建铁索桥需要募集人手,发放钱粮。此举兴师动众,各项费用都是大宗,仅仅依靠从善人们手中得到的那点布施是万万不够的。而且求布施实属风雨飘摇、毫无把握的筹款,怎么能作为修建铁桥的长期经济来源呢?

唐东杰布殚精竭虑,昼思夜想。一日,他看到小弟子喇嘛洛扎百无聊赖时的舞蹈,便问喇嘛洛扎道:"你跳的是什么?"喇嘛洛扎答道:"小时候常有流浪艺人路过村子,表演舞蹈,乡亲们都喜欢看,我就学来了。"

唐东杰布受到启发,回忆起了当时遇到的七千名流浪艺人。他让喇嘛洛扎找来几位能歌善舞的弟子,带着他们一起钻研舞蹈,一连数日废寝忘食。其间,一种藏族古老的艺术形式"羌姆"吸引了他。

羌姆发源于吐蕃政权兴盛时期,最初是佛教寺庙里用于宗教仪式的哑剧跳神舞,表演者脸戴面具,以哑剧的方式,无声之中将美善与丑恶生动地表现出来,这种艺术富有内涵,深得民众喜爱。后来由于吐蕃政权的土崩瓦解,佛教随之衰败,羌姆也受到一定冲击,但经过长期发展和改进,艺人们在其中融入了一些世俗的娱乐因素,羌姆才在百姓心中逐渐扎下根来。

唐东杰布心想:这种表演形式固然很好,只是没有经过唱词的润色,其禅意稍有不足。如果加以改进,不是会更加吸引人吗?为此,唐东杰布翻阅了很多典籍,花费了一个月的时间,将佛教中经典的传记、民间传说和神话故事等内容融合在一起,创造了一种有唱腔、有舞蹈,同时又可以生动展现人物性格的表演艺术形式——喇嘛玛尼。

喇嘛玛尼这种形式不同于唱歌，也不同于讲故事，而是一种宗教色彩浓厚的说唱形式。这种形式发源于寺庙的祭拜活动，原本是一项颇为概念化的仪式，其唱词多含祈祷、劝喻之意。唐东杰布对这些唱词做了创造性的扬弃，又根据毕生所阅，将乌斯藏众生饥寒、辛劳、亲情、爱恋、经商、礼佛等日常生活中的方方面面紧密相连——这便使喇嘛玛尼与旧式跳神舞蹈迥然有别，也使它更易于理解和引人共鸣了。

有些修行者对唐东杰布这种看似离经叛道的做法表示了担忧："您这样创作唱词，脱离了佛经中深奥经典的文字，是否太过俚俗？"唐东杰布笑道："如果唱词和佛经说的一样，那就如同让我讲经说法，要你们表演'喇嘛玛尼'还有什么意义呢？佛法之渊深，固然可以使人受益，但受到大家普遍喜爱和欢迎的，必然是与他们的生活息息相关之事。我以俗调主之，又以佛法佐之，何愁百姓不乐？"

尽管受到了一些阻力，唐东杰布还是按照自己的路走了下去。他亲自为"喇嘛玛尼"制作了一整套表演规范。

唐东杰布首先规定，说唱艺人必须始终在不断吟唱六字真言的同时把一个故事讲述完整。他令弟子披上袈裟，再挂起所要说唱的唐卡[①]，又令人在唐卡的右角摆上一个白塔，左角摆上一尊度母[②]像。之后在唐卡前边摆上供品和酥油灯，还教会弟子吹海螺，以便在说唱之前吸引听众。其间，大家还需要口中不停低声吟念"唵嘛呢叭咪吽"六字真言，等人群聚拢后，便开始精彩的表演。

起初，弟子们对如何表演还颇有困惑。唐东杰布不辞辛苦，亲自带他们深入民间，游走于各地。很多地方出现了这样一幅景象：一位高大威严的喇嘛带着几位弟子当街而坐，口念六字真言，亦说亦唱，用通俗易懂的语言，向人们

[①] 唐卡：指用彩缎装裱后悬挂供奉的宗教卷轴画。唐卡是藏族文化中一种独具特色的绘画艺术形式，题材内容涉及藏族的历史、政治、文化和社会生活等诸多领域。
[②] 度母：全称圣救度佛母，为观音菩萨所化现之身，故亦称多罗尊观音、多罗观世音。

讲述因果报应、弃恶扬善的故事，发人深省，让人心生敬仰。同时，那位喇嘛一边唱，一边用一根小木棍指点唐卡画面里相对应的景象，人们脑海中便浮现出完整的故事画面来，感受更加真切。散场后，人们往往仍兴奋地高呼着唐东杰布的名字，要求他再演一出。

"这便是百姓喜欢的戏剧了！"弟子们兴高采烈地对唐东杰布说。唐东杰布笑道："现在还远远不够，我们必须邀请精于表演的艺人，来完善喇嘛玛尼。"他派出弟子，邀请了几十位富有表演天赋的流浪艺人，为他们展示了新颖的喇嘛玛尼戏剧。艺人们以独到的眼光，对此剧加以改善。双方互相学习交流，一支艺术队就这样渐渐诞生了。

在拉萨大地上，这支艺术队走到哪里，唱到哪里，获得了百姓的欢迎和认可。唐东杰布借着喇嘛玛尼，宣传建桥的意义，募得许多钱财物资，从此建桥事业变得更加光明。

七仙女之舞

随着架桥事业的推进，唐东杰布的艺术队也逐渐发展壮大起来。但他没有安于现状，而是始终注意对这门艺术的改进。在表现内容上，除了讲述佛教故事的主题，唐东杰布还广泛汲取了其他一些藏族歌舞的艺术形式。多年云游的经历，让他早已意识到，佛法固然好，但普通百姓生活的方方面面也都蕴含着智慧。于是，唐东杰布不断将自己在乌斯藏各地的所见、所闻、所感提炼出来，编入新的剧作中，在民间受到了广泛好评。

有一天，唐东杰布路过山南琼结县，安排弟子们在这里演出。一出经典的喇嘛玛尼博得了人们的喝彩。当地人第一次见到如此新颖的艺术形式，无不如痴如醉。演出完毕后，应大家的请求，唐东杰布专门留下来，为大家讲述佛教故事。

在听讲的人群中，有七个姊妹尤其引人注意。她们个个肌肤如玉，明眸善睐。唐东杰布观照她们的内心，发现这些姑娘已经被故事中蕴含的哲理深深吸引了。他问道："你们从中学到了些什么？"

大姐道："我学到了行善。"二姐道："我学到了宽恕。"三姐道："我学到了超脱。"四姐道："我懂得了清心寡欲。"五姐道："我懂得了修身养性。"六姐道："我明白了舍身成仁。"小妹还未说话，唐东杰布就知道了她的想法："虽说你目前还未曾领悟到什么，但却已经被它深深吸引了，是不是？"小妹高兴地说："您果真是位无所不知的活佛啊，您说的没错，我虽然还不太懂，但感觉这样的表演很美，如果可以的话，我能跟随您学习它吗？"唐东杰布十分欢喜，转头对其他六人说："我想请你们跟我四处云游演出，不知你们意下如何？"六姐妹都高兴地答应了。

七姐妹就这样共同组成了歌舞演唱队，唐东杰布亲自教授她们演唱自己创作的作品，把自己设计的各种款式不同的服装，装扮在这些美丽的姑娘身上。在最经典的一出剧中，她们两人扮成猎人，两人扮成王子，两人饰成仙女，一人拿着六弦琴，熟练地拨弄琴弦，那琴声像是一声号召，带动起整个剧的节奏。猎人身姿矫健地在林中唱歌，王子与仙女含情脉脉，翩翩起舞。七姐妹闪亮的眼睛、婀娜的身姿、动听的歌喉，抓住了在场所有人的心。她们第一次演出，便引起了轰动。看到这样精彩的艺术表演，大家惊奇地赞叹道："莫不是仙女大姐下凡跳舞了吧！"从此，她们组成的剧团便被人们誉为"仙女七姊妹剧团"。

　　唐东杰布欣喜地看到，熟习自己作品的仙女七姊妹剧团在乌斯藏各地演出，取得了巨大成功。在这样的鼓舞下，他一手创建的藏戏队如雨后春笋，随着其修桥的足迹，遍布了整个乌斯藏。

由白面具到蓝面具

一案木桌，两张面具。一白一蓝，带着宗教式的神秘，有若鬼神。

白色，代表着圣洁、善良、温和，意为老者长寿，少者纯洁。蓝色，代表着正义、勇敢，意味着勇往直前，从不屈服。但是，白又不仅仅是白，蓝又不仅仅是蓝，它们的形成，都蕴含着藏族戏剧源远流长的历史。

夜深了，合上记载师尊如何创造新藏戏的卷宗之前，噶举坚赞看着这两张面具，怔怔出神。那是怎样的一段经历？从上师简短的口述中，他捉摸不定，是以如此踌躇。良久，他疲惫地合上书卷，熄灭了灯火，走到窗前。

漆黑的夜空因那一道星芒，充满了希望的力量。

噶举坚赞回到案头，继续写道：

藏戏有歌音七品，乃是中令、仙曲、绕地、六合、五合、奋志和近闻。所谓白面具藏戏，便是在唱腔的开头，由类似动物的叫声做引子。中令声似鸿雁的叫声，仙曲声似黄牛的吼声，绕地声似山羊的叫声，六合声似孔雀的啼鸣，五合声似杜鹃的啼鸣，奋志声似骏马的嘶鸣，近闻声似大象的嚎叫。白面具藏戏乃是上师唐东杰布为营造铁索桥募捐，而组织"仙女七姊妹剧团"进行演出从而形成的戏剧形式。

"噶举坚赞啊，这里说得不对。"不知何时，唐东杰布已经立在伏案写作的弟子身后，他拿起桌上那张透着奇异、古怪的白面具，凝神思索。

"噶举坚赞啊，白面具藏戏并非由我而生。"唐东杰布细细回忆着年轻时在莲花生大师留下的伏藏中的相关记载。他认真严肃地说道："你在记载我的事迹时，一定不能把本不属于我的功劳强加于我。否则，便是对先贤的大不敬。"

"是，请师尊指教。"噶举坚赞向师尊仔细询问着。

夜深了，师徒间充满回忆的絮语，伴着清风明月，变成了印在纸上的墨痕：

说到白面具藏戏的起源和萌芽，可以追溯到藏族发祥时期。这一时期，藏族先民们创造了灿烂的苯教文化。在苯教仪式中，人们怀着对神秘神祇的信仰，开始戴着骨质面具唱歌、舞蹈、祷告，这便是白面具藏戏的雏形。

公元6世纪后，随着社会、经济、文化的发展，宗教活动里的图腾拟兽面具舞蹈被吸收进民间综合性歌舞表演中，逐渐产生了由人戴白山羊皮面具的民间艺术表演形式。文成公主进藏以后，同松赞干布一起将汉族乐舞与藏族民间歌舞相结合，培养了许多歌舞演员。在这一时期，作为藏戏艺术的大宗，白面具藏戏的舞蹈、歌唱和表演都开始有了一定的规范。到公元8世纪，应莲花生大师的请求，赤松德赞赞普修建桑耶寺[①]。在桑耶寺的落成典礼上，莲花生大师将佛学教义、祈神仪式同吐蕃歌舞相结合，创建了一种类似内地傩舞的哑剧性跳神艺术，逐渐成为各地表演的主流。到了公元11世纪，乌斯藏各地的法会中，就有了带有鲜明戏剧性质的表演。

唐东杰布以超凡智慧，将历代白面具藏戏的精华汇集吸取，创造性地组建了自己的藏戏队。当唐东杰布带着七姐妹剧团前往谢通门地方修建扎西孜铁桥时，由于资金不足，便让藏戏队演出募捐。他别出心裁地在演出中增加了两个群众性的节目，一个叫"甲鲁晋拜"，便是为甲鲁祷告求福；一个叫"拉姆鲁嘎"，便是为仙女歌舞欢庆。甲鲁是谢通门一带对家族长老的习惯称呼。演出时，七姐妹的歌舞表演引起了长老们的兴致，他们头戴大红高帽，身穿衣领上配有十字花装饰的长袍，上场与七姐妹一同歌舞。观众们笑逐颜开，为这种参与感而快乐。

[①] 桑耶寺：西藏著名寺庙，位于山南扎囊县境内的雅鲁藏布江北岸。始建于公元8世纪中叶的吐蕃赞普赤松德赞时期，综合汉、藏、印三种建筑式样。

在藏戏的开场戏"甲鲁温巴"中，还要穿插进"波多夏"舞蹈，波多夏是小鬼的意思。这些戴着面具的小鬼，来源于一个传说：有一次唐东杰布发现，众人在白天辛辛苦苦修建的佛塔，晚上总会被捣乱的小鬼偷偷推倒。见此咄咄怪事，弟子们十分慌张，唐东杰布暗暗叫住三人，交给他们一个方法：其中一人仰天躺在地上，双手握住一块石条，另外两个人以大铁锤猛击，将石条打碎后，小鬼便不敢作祟了。三人依计行事，佛塔果然再没有被损坏过。人们打心底里钦佩唐东杰布。在这件事被改编成"波多夏"后，戏团的人纷纷传扬，在演出中仰天躺着时，心里一定要想着唐东杰布，就像想象着在天空中盘旋的那只雄鹰，这样唐东杰布就会保佑自己。

在不断的演出实践中，唐东杰布根据观众们的喜好，把温巴、甲鲁、拉姆①三个节目连接融合起来，形成了比较完整、丰富而有特色的蓝面具戏开场仪式。随着蓝面具藏戏的完善和流行，原先比较简单的白面具戏开场仪式，也向蓝面具戏学习，两者的开场仪式渐渐互相融合了。

此时，蓝面具戏已形成与其他藏族戏剧迥异有别的特征标志，这就是开场、正戏和收尾仪式三段不可分割而又比较完整、丰富的演出形式。唱、舞、韵、表、白、技等方面程式化表演，和直接穿插的民间歌舞、百技杂艺表演，以及一部分生活化表演，三者融为一体，更加受到人们的喜爱。

在剧目涉及面上，蓝面具藏戏也大大拓展了内容。之前的白面具戏只演一个剧目《诺桑王子》，而且大多只演其片断。而蓝面具藏戏逐渐发展成为内容丰富多样的艺术。它带着佛教的色彩，将人、神、鬼、灵、动物等诸般万象相互融合，同台演出。戴着象征不同人物的面具的演员在台上歌唱舞蹈，将一个个曲折婉转的故事演绎得淋漓尽致，让观众们如身临其境般陶醉，他们又怎能不倾力赞叹呢？

唐东杰布晚年时期，蓝面具藏戏已经风靡了整个乌斯藏。

写到这里，噶举坚赞缓缓停笔，他站起身，走向门前，深深吸了一口气。

---

① 温巴、甲鲁、拉姆：温巴即渔夫，引申为普通百姓；甲鲁即家族长老；拉姆即仙女。在蓝面具藏戏开场时，会有一个为这些人祈福的仪式。

蓝面具藏戏的魅力，恐怕远远不止笔下所记述的那样吧？这种奇异、瑰丽的艺术，仅凭文字是难以描绘的。好在师尊的藏戏队已经如鲜活生长的莲花般绽放在乌斯藏百姓的心中。或许在将来，人们在欣赏这种艺术的时候，也能够想起师尊，恭恭敬敬地称他一声"鼻祖"吧？

念及至此，噶举坚赞沉甸甸的心终于舒缓了下来。抬头时，满天星斗。正是好天良月在，落照如银碎雪明。

第五部
信人·自在 此心安处是吾乡

他说，未征服的世界比已征服的更广阔；他说，未创造的财富比已积蓄的更丰富；他说，未修习之法比已知道的更广博；他说，未竟的业绩比已获得的成果更开阔。

他的绵长一生，行善为基，利众为业，始终怀着一颗公心立身，施展通才行事，教化了数千有情，于是后继者们，瞻望着他英雄的背影，敬畏着他先士的灵魂，继续征服自我私欲杂念，继续磨炼涵养，抛开情面，继续抛弃贪痴心理，继续把今生用来为来世造福。

他确是该做的都做了，该留下的都留下了，想想古往今来有多少伟人和智者，是抱着憾事与不舍离开的，而他——唐东杰布，在生命的最后里程中，兴建了白日乌齐圣地，栽培了转世灵童，拥有了最理想的继承者，从容而安然地擎着八风不动、八法一味的精神，完成了生死自如的修行使命。

他很好地走了，亦很好地永驻在乌斯藏每一方足迹可涉、心思所往之处。

第十五章　麦杂塔的馈赠

寻找坚强的勇士

　　头顶的苍鹰在盘绕呼啸，阴云遮蔽了黎明前下着小雨的天空。

　　雨淅淅沥沥地打在铁链上，触手格外冰凉。这座新落成的叶如铁索桥，不过是唐东杰布毕生修建的几十座铁桥中的一座罢了，不同往常的是，弟子和工匠们自发地延长工时，加快进度，终于赶在他八十七岁生辰之前完工了。它就是对这位老人最好的生日贺礼。

　　八十七岁的老人轻轻抚摸着链子，满意地看着这一杰作。风很凉，老人的肩膀微微发抖，他遥望着刚刚自地平线上升起的太阳。曙光意味着朝气，意味着生命又一次诞生，意味着黑夜的隐去和希望的到来。人们向往光明，就如同羡慕年轻，厌倦衰老。

　　多少年过去了，自己仍然风雨无阻地为建桥事业奔波，也许过不了多久，便是该休息的时候了吧？可是……为什么总感觉有事情还没有做完？

　　"师尊！"一名弟子走近身前，恭恭敬敬地道："您起得太早了。"

　　"年纪大了，却是心事渐多，总睡不着。"唐东杰布答道。他转过身，看着这个年纪轻轻的弟子，他风尘仆仆，显然是从外地而来，眉宇紧紧拧起，流露出焦急的神色。但他欲言又止，似乎不想打扰师父。

　　"说吧，你这么早赶来，究竟发生了什么事？"唐东杰布一目了然。

　　"师尊英明，这是一件了不得的大事，因此弟子才急匆匆地赶来。"年轻的弟子打开了话匣,将一个坏消息道出,"就在前些日子,附近的金矿主在强卓西部地区与蒙古士兵因开采金矿发生冲突。蒙古人十分愤怒,扬言要进攻乌斯藏。现在周边地区已经人心惶惶,惊恐的情绪笼罩在大家心头。"

"果然。"似乎早有预兆一样,唐东杰布并未吃惊。他挥了挥手,示意弟子退下。年轻的弟子心头焦急,临走前仍恳求道:"师尊,您一定要想想办法,消弭这段战事啊!"

唐东杰布不想惊动太多人,他表面镇定,心底却也为此忧心忡忡,但一时又没有办法。这一天,他立在铁索桥边,愁思百转,太阳落山时,不知不觉靠着岸边的一块大石头睡着了。

在梦中,唐东杰布追忆了自己年轻时前往印度的海外仙岛拜见莲花生大师的事情,当时大师曾嘱咐自己:"日后藏蒙必有一场兵祸,你必须寻觅有缘人,让他赶往藏蒙交界之地,将我过去修建的一座麦杂塔修缮一新。那座麦杂塔是兵祸的克星,必能消弭祸患。"

梦醒之后,唐东杰布恍然大悟。他决定前往昂仁地区的蚌塘寺,做一场法事。

"天、龙、药叉、寻香、非天、金翅鸟、人非人、大腹行等八部尊神,请听到我的呼唤,拯救这场劫难吧!"是夜,唐东杰布摆上供品,向八部尊神虔诚祈祷。八部尊神仿佛听到了呼唤,他们念着神圣的佛号,暗中指引着唐东杰布出了寺庙,走了不久,就看到附近的一条小河。

明月在头顶荡漾,流光宛转,静美怡人。唐东杰布抬眼望去,只见小河边围坐着一群善男信女。他们竟然也在河边摆了供品,向八部尊神祈福。唐东杰布认为这种巧合乃是天意。他走了过去,人们瞧见了他,有人惊呼道:"我认识您,您就是乌斯藏最伟大的活佛唐东杰布!"

唐东杰布道:"我知道你们的祈求,我便是受八部尊神指引,前来与你们相会的。现下有一桩要紧事,你们谁能帮帮我?"

"究竟是什么事情?"那些人问道。唐东杰布仔细观察了他们的神色,发觉有些人气质轻佻,不是可以托付大事之人。他心想:与其贸然将事情说出,不如仔细选出一个勇敢坚强、毅力非凡的人,这样才能保证事情顺利完成。

唐东杰布故作声势地问道："你们当中有谁能为了行善业而舍掉生命？"

"只要对众生有益，我就敢。"就在人们面面相觑的时候，一个中年女子出声了。谁也没有想到是她——桑吉桑姆，一个有三个儿子、两个女儿的家庭主妇，竟然有如此勇气。唐东杰布接着试探道："桑吉桑姆，如果你真敢舍身，就往前面的河里跳吧。"

桑吉桑姆眼中流露出一丝疑问，好像在说："这样真的会对众生有益吗？"但活佛的声誉让她打消了这片刻的犹豫，毅然朝河边走去。唐东杰布方才知道这是一位言必信、行必果的勇士，连忙制止了她，说道："我已经知道了你的勇气，现在有一件重要的事情请你完成。昔日，莲花生大师曾在藏蒙交界处修建了一座消弭兵祸、祈求和平的麦杂塔，后来这座塔毁坏了，请你将它修缮一新。"

桑吉桑姆答应了，但又忧虑道："路途遥远，只靠我一个人能修复它吗？"唐东杰布道："请你放心，不仅会有人给你带路，还会有一个有缘人与你结伴而行。"

桑吉桑姆回到家后，孩子们已经睡熟了。丈夫听到她的打算，大惊道："如果你有什么意外，孩子们怎么办？这件事情不能做！"桑吉桑姆道："人人都有父母儿女，如果都这样想，还有谁会去做事情呢？请你放心，唐东杰布活佛说了，我此行一定能成功。"

第二天一早，这位善良、勇敢、坚毅的母亲，在亲吻了尚在襁褓之中的小女儿后，一个人带着行李踏出家门，来到唐东杰布的住处。唐东杰布喜气洋洋，指着案上一幅绘有莲花生大师像的唐卡道："你来得正好，早晨有一位牧民送来了这件礼物，我把它连同一个护身符送给你，你此行一定处处是吉兆。这个护身符可以保佑你渡过难关，如果遇到了什么危险，你可以将它拿出来仔细查看。等你到了麦杂塔后，要将这幅吉祥画藏在塔内，作为塔的精华收藏。等塔修复后，我一定亲自为它加持。"桑吉桑姆高兴地收下了唐卡和护身符，说道："尊敬的活佛，请您放心，我一定秉承您的精神，完成这件善业。"唐东杰布道："勇敢的女英雄，出发吧，我会为你祷告！"

送别了桑吉桑姆，唐东杰布再度想起了这个普通妇女眸子中透出的坚毅神色。他微笑着目送她远去的背影，口中默默念出祷词：

> 伟大的平凡之女桑吉桑姆，
> 你承担着拯救藏蒙兵祸的重任。
> 一个人踏上茫茫无尽的前程，
> 太阳就是你的后盾，
> 整个星空都为你照亮前方。
> 莲花生大师必将听到我的祝福，
> 护佑你一路顺利始终。

生与死之间

桑吉桑姆出发不久,一个手持弓箭、牵着猎狗的牧人来到了唐东杰布的住处。唐东杰布远远瞧见他,便自言自语道:"协助桑吉桑姆的勇士来了!"两人见了礼,牧人道:"我叫巴桑,是附近的牧民,听说活佛禅居在此地,特地来请您指点迷津。"唐东杰布开门见山地说:"我看你勇敢坚毅,你的猎狗也很有灵气,一定受到过神佛的加持。看来你就是神佛选中的人,现在有一件重要的事情,能拜托你去完成吗?"巴桑道:"您为乌斯藏众生做了那么多善事,如果您有什么嘱咐,我一定竭力实现。"唐东杰布道:"那你现在就带足糌粑和水,沿着这条路一直走,追上一位叫桑吉桑姆的女勇士,追随她一起完成大事吧!"巴桑又问道:"如果遇到我不能解决的困难,怎么办?"唐东杰布道:"如果真有不能解决的困难,你就到麦杂塔东边大约五里的地方去寻找答案。"得到答复后,巴桑备好了糌粑和水,来向唐东杰布辞行道:"您还有什么吩咐的吗?"唐东杰布默不作声地看着他,摇了摇头,又点了点头。

"您是在打什么哑谜呀?"巴桑感觉摸不着头脑。唐东杰布叹道:"我预计你们此行会有一道劫数,请你牢记,无论到了多么危险的境地,永远也不要放弃希望。"

巴桑追上了桑吉桑姆,两人相互照料,跟着猎狗走了三个月,来到了一片一眼望不到边际的荒原。

星光下,荒原如同浩瀚的海洋,泛着银色的柔光。风吹过来,浅浅的草头沙沙地低喃着,寂寞又凄凉。两人并肩前行,越走越冷,天空飘起了雪花。两人愈加感到艰难和疲惫，所带的干粮和饮水也越来越少，先前还能靠猎狗打一些猎物，但现在地冻天寒，猎狗也没精打采。

走了三天三夜后，两人眼前赫然出现了一座被冰雪覆盖的岩石山。

"我们迷路了。"巴桑一拳捶在道旁的积雪上，手指不受控制地颤抖起来。桑吉桑姆建议道："风雪这么大，咱们还是先找地方休息吧。"两人沿着山路前进，走出不远，便找到一个不大的洞窟。

呼啸的风夹带着碎雪，将两人赶到洞窟之中。雪地里除了风声，再无其他声音。一切寂静如死，仿佛茫茫天地间只剩下他们两人。

"呜……呜……"猎狗仿佛失去了生机，喘息着，低声叫着。桑吉桑姆把冻僵的手放在嘴边呵了一呵，说道："我们还能走出去吗？唐东杰布活佛还等着我们修缮麦杂塔呢。"巴桑没好气地说："别提他了，这个到处行骗的假活佛，让咱们走上死路。"说罢他愤愤地奔到洞口，一脚将地上的雪踢散开来。

桑吉桑姆安慰道："俗话说，办大事要有耐心，我们今晚暂且休息一下，明天再出去找一找路。"

"风雪那么大，哪里还有路？"巴桑灰心丧气地喃喃道，"唐东杰布这个骗子啊，我怎么听信了你的话？现在别说找到塔，恐怕连性命也难保。"整个一夜，他都怨天怨地，连累两人都没有睡好觉。

第二天，两人出发找路，却是徒劳无功，将近傍晚的时候，两人都饿得头昏眼花。起初，巴桑还在咒骂不停，后来越走越沉郁，渐渐一言不发。突然，走在前面的他停下脚步，回过头来，露出一个诡异的笑容。

"怎……怎么了？"桑吉桑姆心头一惊，那样不怀好意的神色，让她心头不禁害怕起来。

巴桑转过身，道："事到如今，我们恐怕不能活着度过今晚了。"说着，他指了指自己和桑吉桑姆，又指了指狗，"你，我，它，必须吃掉其中的一个，余下的两个才有机会活命。"

"你说什么？"桑吉桑姆心头不寒而栗。巴桑却语气平淡地说："我们猎人，自来便是与大自然生死相搏，遇到绝境时，哪还管得了这么多？"说着，他看了看猎狗，似乎在说着一件与己无关的事："吃掉猎狗的话，就算走出去，我们也再抓不到猎物，还是会饿死。吃掉我的话，你一个弱女子不会打猎，迟早还是饿死。倒不如我们把你吃了，然后我和猎狗一面打猎一面往回走，说不定还能生还。"

"佛陀啊，饶恕这个人的罪过吧！"桑吉桑姆瞬间惊慌失色，大声祷告着。巴桑淡淡说道："生死关头，只能如此，我们再走一个时辰，在天色完全黑下去之前，如果找不到出去的路，就按我说的办。"说罢带着猎狗朝前去了。

"伟大的唐东杰布活佛，我该怎么办？"桑吉桑姆心中生出一股恐惧，宛如塌陷的黑洞，逐渐将她笼罩在其中。就在她快要丧失希望的时候，小女儿熟睡的面容浮现在脑海中，她是如此可爱，如此恬静。桑吉桑姆怔然回神，灵光一闪，忽然想起了临走前唐东杰布送给自己的护身符！

"你来得正好，早晨有一位牧民送来了这件礼物，我把它连同一个护身符送给你，你此行一定处处是吉兆。护身符可以保佑你渡过难关。"

桑吉桑姆连忙从怀中取出护身符，打开一看，只见上面竟然隐隐约约绘有麦杂塔的方向和寻找路线。她精神一振，仔细瞧去，竟发现麦杂塔就在离他们不远的地方。她大叫道："巴桑，我们有救了！我们有救了！"

巴桑一惊之下回头道："你说什么？"

"快来看！"桑吉桑姆喜极而泣，仿佛还未曾想起这个同伴方才的恶意。她挥手招呼着，巴桑赶了过来，拿起那护身符端详了一会儿，惊喜地说："果然，这有一条出去的路！"

两人瞬间放弃了彼此的芥蒂，齐心协力，沿着护身符标示的路线，朝前走去。他们坚持着，在山中绕了一夜。其间，桑吉桑姆几度体力不支，昏昏欲睡，都是巴桑摇醒了她。

"再坚持一下，很快就到了。"

"巴桑……你不是要吃了我吗？为什么现在又要救我？"桑吉桑姆喃喃。

健壮的猎人没有说话，而是背起她强撑着向前走去。过了片刻，他说："我们猎人并非毫无慈悲之心。只是在与大自然搏斗时，在无数次面临绝境时，早就锻炼出一副铁石心肠。当命都没有的时候，怎么还会想到慈悲？如果我换作你，你换作我，在那种情况下，我同样会做出决定，让你把我吃掉。"

夜风无言，将所有的絮语都淹没在无形之中。

黎明时分，两个千里跋涉的勇者，终于绕出了雪山，在山东面的河岸边，找到了那座损坏的麦杂塔。

塔畔有一座寺庙，庙中有喇嘛刚刚起床走出，惊奇地瞧见了两个奄奄一息的人。他们连忙将两人救起，给他们烤火，并拿出食物来。到中午时候，两人已经恢复了过来。这些喇嘛向他们介绍道："我们是世代相传，守护这座塔的修行者，你们是什么人？"

两人将自己的来历、目的和盘托出。这些喇嘛听说他们是奉乌斯藏大活佛唐东杰布之命，来此修缮麦杂塔的，纷纷说道："这真是太好了！塔内的伏藏早有预言，说有一位莲花生大师的意转世者，将来会派人来此修缮佛塔，恢复它昔日的荣光，如今我们可算是等到了！"

修缮麦杂塔

　　从外面看，这座废弃的塔从三层起便完全塌陷下来，人们仅能从塔身华美尊贵的云纹雕饰上，依稀看出它昔日的巍峨和壮观。塔边是一座寺庙，庙中住着世代守护它的修行者。此刻，一位年长的喇嘛带着两位远道而来的勇者，立在庙前，微微抬头眺望。

　　"这座麦杂塔乃是莲花生大师当年呕心沥血的经典之作，它宛如一朵盛放的白莲花，多少年来，历经了风风雨雨，却依然鲜丽如初。"喇嘛感叹道，"只可惜后来经历了一次大地震，这座塔不幸损毁了，此后兵祸发生，便再也镇它不住。"

　　"为什么不修复它？"桑吉桑姆睁大眼睛，不解地问道。喇嘛叹道："我们何尝不想早一日修复它？只是……唉，二位，请随我来。"说罢，他引着两人绕过塔前的乱石堆，打开一扇尘封已久的木门，一片空旷的内室赫然现出。

　　除了几根断裂的柱子，塔内空荡无物，许是很久没有人来过了。喇嘛引着他们来到内室中央，一根圆柱形木头出现在眼前。这根木头粗约三人合抱，散发着天然的香味，可谓是一根难得的神木。只是从三四人高的地方便断裂了，那道被岁月磨砺的沧桑裂痕，似乎在无声无息地诉说着它昔日的痛苦。

　　"二位请看，这根神木乃是塔的中心木，没有了它的支撑，无论如何堆砌，也再难达到原来的程度了。多年以来，我们走遍了乌斯藏和内地，设法寻找能和它匹配的木头，可是一无所获。当年莲花生大师以无边法力寻到这根神木，他走了以后，怕是再没人能做到这件事了。"喇嘛叹着气直摇头。

　　巴桑的手悄然按上断裂的木头，仿佛在感受着它的神光。他闭目思索了一会儿，忽道："临行前，我曾问唐东杰布活佛说：'如果遇到不能解决的问题，该怎么办？'活佛回答说：'到塔东边大约五里的地方去寻找答案。'请问塔东边五里是什么地方？"

"东边五里？过了河往东走，大约五里的地方，是一片森林啊。"喇嘛百思不得其解地说，"不过我们早就去那片森林里找过了，根本没有这么粗壮结实的木头。"

"活佛说的不会错，我们再去找找看！"桑吉桑姆叫道。在这位五个孩子的母亲心中，那位毕生为乌斯藏百姓行善事，积福缘的活佛，是绝对神圣可信的。在她的坚持下，守护塔的修行者们决定同两人一道再去森林里看看。

"这里人烟稀少，许久也没有人来过，到处都是断枝碎叶，二位请小心。"众人一脚深一脚浅地在森林中穿行，领头的喇嘛关切地说道。桑吉桑姆扶着一根木杖，巴桑带着他的猎狗走在身边。两人都被这片静谧的森林深深吸引了。

这里渺无人烟，亦无道路，一切都是天然而成，树与树之间用藤蔓携手，鸟儿在幽静之处低鸣。偶尔有小动物从面前穿过，欢快而活泼，并不惧怕行人。猎狗凭借它天生的嗅觉和多年来的历练，作势便要扑向一只路过的野兔。巴桑阻止了他，笑道："停下，现在可不是打猎的时候。"

众人围着森林绕了一圈，也没有找到什么神木。

"一定有的，一定有的。"桑吉桑姆喃喃。她眉头微锁，困惑又执着地用木杖扫开乱叶，一直往险僻处寻觅。就在快要绝望的时候，一座大山拦在了他们眼前。

"已经到森林的边缘了。"喇嘛提醒道，"也许唐东杰布活佛也有预测失准的时候，我们还是回去吧。"

"不，我听说活佛有句名言'办大事要有耐心'。我们历尽千辛万苦才走到这里，也许已经就差一步了，怎么能轻易放弃呢？不如再找一找。"桑吉桑姆坚定地说。其实她心中也不确定，只是凭借直觉硬闯罢了。

此时，猎狗突然不安地低吠起来，继而又对着山边的一处半人高的乱草堆狂吠，那里漆黑一片，什么也看不清。巴桑心中奇怪，问道："狗儿啊狗儿，你发现了什么？"

猎狗"呜"的一声，竟然挣开巴桑，一头扑进那丛乱草。众人跟了过去，拨开遮眼的乱草，跟着猎狗前进了数十米，前方被山挡住了。有喇嘛苦笑道：

"这猎狗不知错了哪根筋,将我们引到绝路来了。"

"不对!"巴桑忽地出声,他矫健地挤到山边,用手抓住面前一块一人高的山石,用力一推,那石头竟然松动起来。众人定睛一看,原来这块石头并不是和山连在一起的!

"大家一起来!"在巴桑的呼唤下,众喇嘛齐心合力,终于把大石头推开。一束光从石头移开后的洞口射出,格外刺眼。众人顺着洞口走进,原来此处别有洞天!

"神佛啊!"每个人都被眼前的景象惊呆了,原来这个隐藏的山洞内部是如此宽阔。洞中有花有草,有树有溪。最让人不可思议的是,在那些花树的掩映下,赫然有一根极粗的巨树接天而起!

"感谢活佛唐东杰布!"桑吉桑姆虔诚地低低吐出一声祷告。她走近这株巨树,为这造化的神奇久久不能自已。山洞顶透着日光,神树的光辉映照着她的脸庞,柔和而又宁静。众人齐声欢呼道:"这下可以修复麦杂塔了!"

一起来的同伴也都惊诧不已:如果不是神迹的话,此处怎会有如此仙境般的洞天存在?他们都相信这是莲花生大师早就准备好的洞天福地,五百多年后,他借着自己的转世唐东杰布,指引后人来到此地,完成当年的心愿——愿乌斯藏众生永远平安喜乐。

"在此之前,请跟我一起向森林之神和佛祖祷告,恳请他们将这块神木赐予我们。"为首的喇嘛肃声说。众人恭恭敬敬地围着神树转经祷告后,才终于将这根神木请回塔边。

接下来,邀请附近的木匠和石匠,立木为心,砌石为表,一切都格外顺利地进行着。在藏历第八饶迥土龙年(1448年)初夏,麦杂塔终于修复一新。

桑吉桑姆将绘有莲花生大师像的唐卡安放在塔中后,便高兴地与巴桑踏上返程的旅途。守护塔的修行者衷心地向他们表示了感谢,他们纷纷说道:"多亏了你们和唐东杰布活佛,这样一来,从今往后乌斯藏再也不会有兵祸发生了。"

回到唐东杰布所居地白日乌齐,再见到他时,时间已经过去了整整一年。这位超凡的圣者微笑着迎接两位勇士的归来,他用尊敬的语气赞道:"多亏了你们两位的努力,麦杂塔被及时修复,笼罩在藏蒙两地上空的阴云终于消散了。"

第十六章　一城安身心自在

好事多磨

高耸巍峨的白日乌齐山上，忽然有清风拂过。

一个老人站在山腰，白袍如飘雪般随风招展。他眺望着远处起伏的群山，带着关切慈悲的神情。仿佛那里的一草一木、一人一物，都与他息息相关。

这年夏天，许多慕名而来的修行者在山下聚集，然而目力再好，也难以看得清白日乌齐山高高的山腰。谁也没有注意，这个平静从容的老人便是人人心中的圣者，为乌斯藏众生行善事的大活佛唐东杰布。

他又站了一会儿，转身离去，朝更高处行进。到达一处平旷空阔之地时，一位弟子正对着一地的朵玛出神。见到师尊来了，他神色一动，却不曾起身迎接。唐东杰布笑了笑，用眼神制止了旁边将要出言提醒的另一个弟子。他如同一个普通修行者，对着满地的供品肃然拜下。

风止，那位弟子停下了凝思，发出一声叹息。

唐东杰布笑了，带着一丝苦涩，和一丝早已料到的释然，他轻声问道："我最聪慧的弟子喇嘛洛扎，祷告一事进展如何？"

"禀告师尊，十分不吉。"喇嘛洛扎，这个曾经灵动活泼的小弟子，如今业已饱经风霜，变得智慧而沉稳。他面带忧色，说道："师尊，您想在此地修建吉祥多门塔，为众生行善的心愿，恐怕会大起波折。佛陀降下预言，说塔基会塌方三次，您本人也会遭到恶人的陷害。师尊，我们还是不要修建了吧？"

"最终结果如何？"唐东杰布不为这些征兆所动，仍然心如止水。喇嘛洛扎叹道："恕弟子无能，前面好似有茫茫黑雾，看不清路在何方。"

"你已尽力了，不必内疚。"唐东杰布微微一笑，他将供品重新摆好，自己盘坐在地，闭目神思。在这样的寂静中，两位弟子都不敢出声打断，但方才的凶兆，却让他们不能安心。

唐东杰布霍然睁开眼睛，直视远天的白云。喇嘛洛扎看着他，想知道他到底看到了什么。此刻，这位白袍活佛神色如此凝重，仿佛整个人融入了前方的云海。

"修建吉祥多门塔，是为众生树立一道求佛向善的丰碑。我意已决，不可更改。"唐东杰布眉宇间的迟疑消失了。带着不容置疑的坚定，他吩咐弟子通知附近的工匠，而自己前往昂仁地区北方头人的领地，请求他派人帮忙。

依旧是藏历第八饶迥土龙年，筹备完成的时间还不算晚。唐东杰布回到白日乌齐山，他以八十八岁高龄亲自指挥大家。用了两天时间，就完成了准备工作。但当修塔基工作开始后，预言的事情就发生了。塔基修成三次，又塌陷三次。许多人看见这种怪事，都起了退缩之心。他们纷纷议论道："看来修建佛塔之事实在不吉，我们还是各自回家去吧。"

此时，唐东杰布大声对众人说道："这是恶魔制造出的一场大事故，我们决不能向他低头。如果我们就此退缩，魔就会得寸进尺，为害众生。我们必须无所畏惧，勇于斗争。相信我吧，唐东杰布必然胜利！"

言罢，唐东杰布命弟子在白日乌齐山上布满了经幡，为了消除魔障，念了二十一天的经。等到最后一天太阳落山的时候，那个恶魔终于被逼了出来，他不甘地嘶吼道："竟为凡人攻击我？他们给了你什么好处，这天，这地，都是我们共享的，你为何帮助凡人？"唐东杰布肃然道："百姓没有给我任何好处，但我唐东杰布自出家修行那日起，就立誓普度众生。你这样的恶魔，从哪里来，就回到哪里去吧！"说罢他大声念出佛号，那恶魔惨叫一声，终于化为乌有。

解除了诅咒后，唐东杰布对众人歌道：

人生行善能长寿，
村舍破旧要维修。
雪域狂风呼啸卷，
或是炎热如火烧。
为了消除灾和难，
必须修建此佛塔。
只要你们行善业，
死后必生大乐界。

众人听罢，各有所悟，他们坚定了信心，再没有一个人说离开的话。唐东杰布十分欣慰，认为众生是可以引导的。众人拾柴火焰高，只要大家团结一心，修成佛塔就指日可待了。

吉祥多门塔的落成

唐东杰布白日亲自指挥修塔，夜晚禅居在白日乌齐山腰一座修行洞中。建塔的事业有条不紊地进行。过了一个月，已经修成了四十多米高的塔身。塔基十分宽阔，有许多带着吉祥纹饰的门户。塔腹逐层收缩，到了层层叠叠的塔檐上，四面都有棱角，它们虽各抱地势，整体看来却是井然有序。塔顶再收缩以圆形的塔瓶、宝盖及金幢，上下造型颇具协调之美。塔的整体造型仿照须弥山，巍峨又肃穆，带给人奇特而壮观的视觉享受。

又经过了一个月的修缮，这座吉祥多门塔从外观上看来已经蔚然成型了。最后的工作便是为它放置宝物，念经加持。为表诚心，唐东杰布特地将从故乡仁钦顶请来的屯益坚赞活佛之坐化佛骨安置于塔内。这位唐东杰布一生最敬仰的师尊，与每日清晨的第一缕阳光相伴，得到了最圆满的供奉和祝福。

当唐东杰布率领弟子和附近的百姓在塔中转经祈福时，一行骑着高头大马，身着内地服装，行事十分气派的人来到了这里。刚刚望见他们时，唐东杰布就笑着对左右说道："吉兆啊，这些从内地远道而来的客人，为我们带来了天空一样纯蓝的宝石和蚕丝一样柔韧的布匹。他们个个有礼有度又不失风范，想必是皇帝的使者吧。"众人将信将疑，心想这些打扮华贵的人或许只是汉族富商呢？

然而，两方的寒暄再一次证明了唐东杰布的睿智预见。这些人果真是明英宗朱祁镇派来的使者。自当年唐东杰布云游五台山以后，他的事迹更加广泛地在内地流传。皇帝十分钦佩，因此派使者千里迢迢前来赠礼，以表敬佛礼贤之意。

唐东杰布欣然收下了礼物，对使臣说道："你们不远千里来到乌斯藏，足见大皇帝慈悲之心和向善之意，我愿在这新落成的吉祥多门塔内为他祈祷，祝他多福多寿。"使者大喜道："早就听闻您是乌斯藏最有名的活佛，能得到您的祝福，圣上的福泽一定更加深厚。请允许我们向您致敬。"

唐东杰布不辞辛苦，亲自祈祷了七日。七日后，使臣前来道别，他恭恭敬敬地说道："您无边的法力，一定能将祝福穿过万水千山，传达到北京城的皇宫中。皇帝陛下感受到您的厚意，定然再派使臣，为您送上丰厚的礼物。"

"这个倒是不必，我只愿世间众生平安喜乐，永远不受风霜之苦。"唐东杰布诚挚地说道。

使者走后，乌斯藏百姓对这位真心替他们着想的活佛更加崇敬了。然而，有些沉醉在贪、嗔、痴念之中，迷途未返的喇嘛，却心生嫉妒。他们荒唐地认为，这个九十多岁的老头早该收山归隐，将机会和名望留给年轻人。于是，这些人便串通了一个修塔的工匠，在夜深人静之时，趁着唐东杰布在塔心打坐，从塔顶将一大堆石料砸了下来。

随着"轰隆"一声巨响，附近的人全都惊醒了。人们以为发生了什么凶兆，纷纷涌进塔来，只见一块巨石压在唐东杰布原先打坐的地方。人群中爆发出阵阵惊呼，接着有人哭泣起来，大家都认为他们尊敬的活佛唐东杰布这回在劫难逃了。

就在人群一片慌乱的时候，一个喇嘛走了出来，大呼道："唐东杰布活佛遭到了恶魔的袭击，已经不幸遇难了。他临死前传下遗命，让我们率领大家，继承他们的事业。"就在人们将信将疑时，一位名叫尼玛桑布的弟子用带着些许稚气的声音大声说道："你们别听他胡说，师尊根本没有死！"方才大呼小叫的喇嘛其实便是谋害唐东杰布的始作俑者之一，为了掩盖自己的心虚，他骂道："你这个小喇嘛才是胡说，活佛身中巨石，怎会不死？"尼玛桑布跳到那些乱石之中，满怀信心地说道："就算真有坏人谋害师尊，以他大无上的神力，也早就会预见到的，不信大家跟我翻开这些石头。"

人们轰然响应，开始忙碌起来。不一会儿那些乱石都被挪开了，谋害唐东杰布的喇嘛们十分期待地将目光投去，却连个人影都没看到。就在他们张口结舌的时候，一声充满慈悲和宽恕的佛号自上方传来。

皎洁的月光透过塔顶的天窗，那个白衣白眉的老者周身映出神圣的星芒。唐东杰布念着六字真言，从二层的居室走出，他沿着台阶，一步一步走下，来到众人面前。几个起了坏心的喇嘛战战兢兢。唐东杰布饱含深意地瞧了他们一眼，问道："大家跟随我都有多久了？"

众弟子纷纷据实回答。有的说一年，有的说五年，有的说十年，最年长的弟子已经跟随他四十余年了。唐东杰布道："我们每个人的修行，都是由自己主导的。作为你们的上师，我只不过是稍作指引而已。今天有一些人，错误地将自己没有成名、得道的原因，归结于那些已经修成正果的人身上，这是多么愚蠢啊。我唐东杰布终究是要离世而去的，你们想想，真到了没有我的那一天，那些心怀邪念、急图速成的人，真的能得到众生的爱戴吗？"

听了这话，那些参与阴谋的喇嘛惭愧得无地自容。唐东杰布却打住了话头，没有再追究这件事。他只是让大家将塔内打扫干净，便回去休息了。

唐东杰布一直用智慧和慈悲关照着身边万物，殷勤诚恳，不改初衷。数日之后，他又从阿里地区招来了一百位工匠，在塔内塑造了许多佛像，并将诸位神佛的事迹记载下来，以传之于后世。

开始崭露头角

藏历第八饶迥火鼠年（1456年）时，九十六岁的唐东杰布终于完成了在白日乌齐修建吉祥多门塔的心愿。此时，一位名叫却吉卓玛的女法主率领弟子来到白日乌齐，给唐东杰布送来一串珍贵的念珠。唐东杰布喜上眉梢，说："您送来的不仅仅是一串念珠，还是象征着吉祥多门塔落成的大吉兆啊！今日正是竖立代表此塔命脉的经幡之日，如果可以的话，请您的人一起帮忙。"却吉卓玛欣然答应了。

却吉卓玛率人帮唐东杰布竖起了经幡杆，又将带来的酥油灯、净水、鲜花、果品等物安放在塔内的神龛前。祷告之后，却吉卓玛道："请您为我讲讲《丹珠尔》吧。"

两人互相交流了经义。离别之际，唐东杰布建议道："现在工布地区的百姓正面临着灾害，他们信仰动摇，神魂不稳，不知道您是否愿意冒着折寿的危险，前往那里度化众生？"却吉卓玛答应道："只要对众生有益，没有什么是我不能做的。"

唐东杰布十分宽慰，他选派自己聪明的小弟子尼玛桑布，陪伴却吉卓玛一行出发了。

按照唐东杰布的指引，女法主却吉卓玛带着弟子们来到工布地区，给当地百姓带来了唐东杰布的问候。百姓们十分感动，他们流着泪说道："当年活佛走的时候，曾告诉我们，只要一心向善，他必然会记挂着这里，如今看来果然没错。"人们将却吉卓玛视作唐东杰布的使者，对她十分礼敬。当年唐东杰布安排在这里的弟子听说了这件事，也来迎接却吉卓玛，邀请她禅居在墨莫岗地区的一处寺庙中。

依据唐东杰布弟子们的指引，却吉卓玛来到唐东杰布当年工作过的铁矿上。此时离正午尚有一段时间，矿上人来人往，喧闹盈耳。听说活佛的使者来了，人们纷纷放下手头的活计，来与却吉卓玛说话。

那个白发苍苍的矿主班桑已经六十余岁了，当年这个固执的人还曾因嫉妒唐东杰布挑头闹事。折服于活佛后，他依旧那么固执，只是由闹事者变成唐东杰布事业的忠实捍卫者了。

老矿主班桑与却吉卓玛互道寒暄后，不经意地回头，仿佛梦幻般的，一个青年的身影出现在他的视线中。这个青年实在是太像唐东杰布了，他有着同样浓密的眉毛和高瘦的身躯，瞳子清澈见底，宛如一个年轻的金刚，勇敢而纯洁。老矿主班桑连忙问道："这位喇嘛是谁？"

"我是活佛唐东杰布的弟子，名叫尼玛桑布。"青年不卑不亢地回答，他微微一笑，一举手一抬足，依稀有着唐东杰布当年的气质。老矿主班桑握住他的手，感叹道："您简直和唐东杰布活佛年轻时一模一样，愿佛陀保佑，将来您能和他一样，为我们行善事。"

尼玛桑布微微一愣，有些不好意思地回答："如您所说，我一定会遵从师尊的教诲，毕生行善。但是师尊何其伟大，说道如他一样，我还差得太远太远。"

"不……你能做到的，你能的。"老矿主班桑还未抑制住激动的情绪，他又感慨了一会儿，终于回过神来，大笑道："看我光顾着说话，大伙儿，今天是唐东杰布活佛的使者和佳弟子联袂而来的大喜日子，让我们一起欢呼祷告，今后整个工布地区一定会在他们的带领下日渐兴旺起来！"

数月以来，尼玛桑布一直帮助女法主却吉卓玛在工布地区行善，直到他接到了唐东杰布要在白日乌齐山的吉祥多门塔边修建寺庙的消息后，才应召返回。离别之日，工布地区的百姓已经深深敬服了这位年轻的喇嘛，他们纷纷传扬道："尼玛桑布和唐东杰布活佛年轻时候一模一样，将来一定能够继承他的大业。"

佛堂里的秘密

暮色四起，独对着白日乌齐山上暖洋洋的夏风，唐东杰布不禁想起了儿时家乡的风。除了与此处同样温暖柔和以外，家乡的风还带着一种青草的味道，一种浓郁的酥油茶香，一种来自小屋内母亲呼吸的甘甜。

在吉祥多门塔的西边，一座精致的寺庙已渐渐落成。寺内有两座佛堂，佛堂中塑有观音佛、怒金刚佛、喜金刚佛、胜乐佛等雕像。两座佛堂由一条宽约五十米的长廊连接而成。整座寺庙睥睨云海，蔚然如仙境一般，占据了白日乌齐山的形胜所在。

山下一个小小的人影，便是唐东杰布一直等待的人。

"师尊。"尼玛桑布风尘仆仆地从山道走来。唐东杰布露出发自内心的笑容："你回来了。"

"说说看，工布地区的情况如何。"伴着和煦的夏风，一老一少在寺庙前缓缓踱步。尼玛桑布将工布地区的所见所闻一一相告，说到那位矿主班桑时，唐东杰布愣了一下，笑道："别看他这个人脑筋固执，加以引导的话，还是很有佛性的。"

"那里的人都很想念师尊，他们央求我带话来，希望师尊有一天能够再回到那里，去看看他们。"

"这，就要看莲花生大师给不给我时间了。"唐东杰布轻叹了一声，慈祥地看着眼前的小弟子，"尼玛桑布啊，不知你是否明白，这人越老啊，越觉得还没做完的事情太多太多。"

"好了，不说这些。"看着徒弟想说些什么，唐东杰布挥手笑了笑，"你回来的时候正好，今晚就带你看一件新鲜事。"

看见弟子露出不解之色，唐东杰布领他来到寺内，穿过佛堂，来到一尊还未做好的药师佛雕塑前。"你看它缺了些什么？"

"需要足够的金粉，来粉刷这尊佛像。"尼玛桑布道。

"我们收到的布施中有太多金粉，可在我看来，还缺少一颗戒除贪念的诚心。"唐东杰布语带机锋，他也不加解释，便领着尼玛桑布来到堂内储藏金粉的地方，示意他将一袋金粉藏到吉祥多门塔中，换来一袋石粉。

忙了好一阵，天完全漆黑下来。唐东杰布道："我们就在另一座佛堂打坐，看看会发生些什么吧。"

是夜，有两个贼头贼脑的人悄无声息地闯入寺庙。他们悄悄溜过了长廊，闯进第一座佛堂，轻车熟路地扛起装金粉的袋子就跑。师徒二人在另一座佛堂中听见了动静。尼玛桑布惊叹道："师尊真是料事如神啊，我现在就去抓住这两个强盗。"唐东杰布制止了他，说："这两人是修佛堂的工匠，他们贪心的，无非是那袋金粉罢了。希望等他们发现袋中是石粉的时候，能够领悟到我的苦心，明白一切财富皆虚幻的道理，自然会将那袋石粉还回来。"

尼玛桑布道："只怕现在他们心中只有钱财，其他什么都顾不上了。"事实果然如此，师徒守候了一夜，终究还是没有等到那两人。

第二天一早，唐东杰布召集了工匠们。他向那两人问道："你们昨夜怎么不将口袋还回来？"那两人心中一惊，都装傻说："什么口袋，我们什么都不知道。"唐东杰布看着他们闪烁的眼神，叹了口气，说："你们不会连口袋都没打开看看吧？"那两人更加吃惊了，原来他们昨夜盗走装着金粉的口袋后，欣喜若狂，又疑神疑鬼，害怕被别人发现，便没打开，就趁夜将其埋藏在山腰的一个隐蔽所在，准备等完工后再偷偷取走。

看到唐东杰布完全洞穿了他们的心思，两个人都尴尬得不知说什么好。唐东杰布长叹了一声，咏唱道：

追随我行大业的有缘人，

不要被贪念蒙蔽内心。

> 一切财富原本都是虚幻，
> 怎么不去思索到底什么才是最真？
> 修习佛法不能单单凭口，
> 既然追随我唐东杰布就要身体力行。
> 如果仍旧如此执迷不悟，
> 我又怎能带你返回莲花界中？
> 追随我行大业的有缘人啊，
> 现在快快悔悟，
> 为消除那些恶念，
> 继续行善事吧！

咏唱完毕后，唐东杰布对两人说道："你们拿走的金粉，现在都变成了石粉，不信你们前去看看。"这两个窃贼知道唐东杰布不打诳语，心中都十分沮丧。他们后悔起来，跪地向唐东杰布请求责罚。唐东杰布道："你们虽然犯了错，但只要肯悔过，也是好的。就罚你们将偷走的石粉扛回来吧。"两人恭敬领命去了。

"因果代代流转不息，此生之过若不能解脱，必然造就来生之苦。"看着两人的背影，唐东杰布低叹。他转身对诸位工匠说道："被偷走的东西本身是不会泄露秘密的，但人一旦做了亏心事，目光就变得躲躲闪闪。我们要端正身心，才能修成正果。"

消除各种魔障后，一切因缘都已就绪了。东杰布决定在白日乌齐地区禅居几年，在他看来，现在终于到了可以稍微休息的时候了。

第十七章　最理想的衣钵传人

天下事，犹未晚

自百岁以后，唐东杰布在白日乌齐山禅居了十余年之久，这时他的肌体已经渐渐衰弱，行动不便起来。但他仍时刻关心着各地的善业。他命尼玛桑布等杰出弟子代表自己，在各地处理架桥、演出、布施等事业，一切都在井井有条地进行着。

藏历第八饶迥木羊年（1475年），唐东杰布一百一十五岁的时候，一个前往印度嘎玛达国做生意的商人来到白日乌齐山，神色惊慌地求见他。尽管感到有些疲惫，唐东杰布还是耐心地听那位商人讲述了在嘎玛达国的所见所闻。原来该国的国王是个暴君，他不信佛法，认为人根本没有生死轮回，死后就像一阵灰被吹散一样。这个暴君不惧报应，用苛刻无理的刑罚，肆无忌惮地杀害臣民。他每年要杀害一百多个孕妇，用来祭祀一名叫作大旺久的邪神。

唐东杰布为远在异国他乡的百姓深感忧虑，他想：佛家讲究普度众生，无论受苦的人在哪里，对于我来说都是要去救赎的。但此刻唐东杰布的身体已经不足以支撑远行。

过了几日，唐东杰布心生一计。他在几个弟子的陪同下来到拉萨，在大昭寺内祭拜了释迦牟尼像。

唐东杰布向佛祖释迦牟尼诉说了嘎玛达国正在发生的恶行，他诚心祈求佛祖能助自己一臂之力。佛祖答允了，他派出一朵白色的祥云，承载着唐东杰布的幻身来到印度嘎玛达国。

在白茫茫的高空中，唐东杰布之幻身穿云驾雾，不一会儿就来到了嘎玛达国王的宫殿门口。那些士兵守卫森严，却对唐东杰布的到来浑然不觉。唐东杰布穿过七道宫门，来到国王的寝宫。此时国王正好不在，他便坐在国王的宝座上，毫不客气地品尝起桌上的美食来。

没多久，国王回宫了，他几乎不敢相信自己的眼睛：一个老头子正在自己的座位上大吃大喝。国王愤怒地对左右道："是谁把这个老疯子放了进来？"侍卫们面面相觑，都说："我们根本不曾见到有人闯进来。"国王大怒，命侍卫将唐东杰布轰了出去。

"嘎玛达地区也算人才辈出，怎么轮到你这样的人做国王？"当国王舒了一口气，回到寝宫准备休息时，他的宝座上传来一个声音。国王大惊，只见方才那个老头正悠闲自在地坐在那里，嘲弄地看着自己。国王惊慌地召唤侍卫，命令他们将唐东杰布刺死。谁知他竟然刀枪不入。国王心中害怕起来，战战兢兢地说道："你是鬼吗，为什么缠着我不放？"唐东杰布道："我是来自乌斯藏之无所不能的大修行者唐东杰布，特地来劝你改邪归正。"国王不信："你肯定是鬼，如果你再不离开的话，我就请我的巫师来斩妖驱邪。"唐东杰布笑道："如果你不改变暴虐脾气的话，被驱逐的将会是你自己。"

国王气急败坏地找来了他的护国巫师。这位信仰邪神大旺久的巫师绕着宫殿转了三圈，道："此人是一个有法力的妖邪，用寻常办法制服不了他。"国王愁眉苦脸地说："您可得教我一个法子，不然让这疯子待在宫中，实在是有损我的威严。"巫师故作神秘地闭上眼睛，进行了一番占卜，说道："只有一个办法，您必须祭献一百名儿童，破了他的法术，然后烧死他。"

国王吃了一惊，颤声道："一百名儿童，可不是一个小数目啊，到时候他们的父母闹起事来怎么办？"巫师道："为了除掉那个疯子，这些事情就顾不得了。再说，您是独一无二的王，谁敢对您说三道四，您就要他好看。"国王犹疑未决，但禁不住巫师的一再怂恿，最终还是答应了他的请求。

巫师得了国王的命令，便派人在都城内抓来一百个小孩儿，将他们推进宫殿，然后封锁大门，点起熊熊大火。孩子们被烟熏得大哭，眼看就要丧生了。

在这危急时刻,宫殿内忽然传出"唵嘛呢叭咪吽"的六字真言声,唐东杰布坐在宝座之上,摆出德卒手势。只听他吟唱道:

> 大江清澈东流而去,
> 雪山洁白不染尘埃。
> 执迷不悟的嘎玛达国王啊,
> 你却放弃了宝贵的良知。
> 你放任自己的私心,
> 不相信轮回报应,
> 也不晓得善恶因果。
> 你不感激我唐东杰布,
> 反倒听信这巫师妖言惑众。
> 孩子们由不得你杀害,
> 百姓也不能任凭作践。
> 如果事到临头还不悔悟,
> 你将坠入阿鼻地狱。

听了这话,躲在殿外远远眺望的国王大惊失色,只见燃起的大火忽然变弱了下去,片刻就离奇地熄灭了。

当晚国王睡觉的时候,感到唐东杰布就在头顶看着自己。他大声惊呼,却没人来。国王吓得不敢出声了,然而在这样的寂静中,唐东杰布沉默的凝视,却让他不能安心。最后他终于熬不住,迷迷糊糊地睡着了。在梦中,唐东杰布引着他来到了过去,观看了他施加给臣民的诸多暴行。紧接着,唐东杰布让国王看到,因为诸般恶业,国王的来生变成了那些被他虐待的百姓,他的命运注定悲苦艰辛,颠沛流离。

"不要再折磨我了!"国王苍老的眸子中涌出泪水,"我已知错,请您救救我吧!"

"能救你的人,只有你自己。"唐东杰布说,"只要你从此不做坏事,就能消减恶业，安然往生。"

第二天，嘎玛达国王当着所有大臣的面，宣布要改信佛教，并决心为唐东杰布修建一座佛堂。唐东杰布的幻身在嘎玛达地区住了三年，直到国王兑现了诺言，修成了佛堂后，才心满意足地返回了。

临别之际，唐东杰布又耐心地向国王讲述了因果报应的道理，劝告他弃恶从善，皈依佛法。但是令人哭笑不得的事情发生了，唐东杰布刚走了一天，国王的巫师便找到他，说："您用了三年的时间，总算把这尊瘟神送走了。以后您可以一切照旧，否则大旺久神会和您过不去。"这位昏庸的国王又被吓住了，他答应道："好，反正唐东杰布活佛不会再回来了，今后还是听你的。"

就在国王恢复旧状、倒行逆施的第二天，他便得了一种心口痛的怪病，只要一动恶念，心痛便加剧起来，用什么办法都治不好。那位巫师又是作法，又是祭祀，也全无济于事。就在国王奄奄一息的时候，唐东杰布的幻身又出现在他面前，义正辞严地说道："天下万事，都在一个'信'字，你既然已经答应改过从善，怎么能食言呢？你动了邪念，怕是到死也不会安息了，还记得梦中那些被你折磨的人吗，你将来就会和他们一样。"国王听罢苦苦哀求，希望唐东杰布能医治自己。唐东杰布叹了口气，说："只要你一心向善，不动邪念，这病自然不会发作。"

第二天，国王毅然放逐了一直怂恿自己的巫师，并昭告百姓，表明自己的忏悔之意。果如唐东杰布所言，从此他的病再也没有发作过。

继承者之昭

结束了在印度的旅行，神魂归一后，唐东杰布深感身体内种种生机衰老了下去，留给自己的时间不多了。为了使善业继续发扬光大，他决定选一位继承人。为此，他派人到工布地区，向女法主却吉卓玛征求意见。

此时，五岁的女童吉尊·贡嘎桑母已被确认为女法主却吉卓玛的转世灵童，她带着却吉卓玛的心意，来到唐东杰布身边，向他推荐了年轻的尼玛桑布。唐东杰布十分高兴，认为纯洁无瑕的孩子说出的话，可以代表佛陀之意。再加上尼玛桑布在跟随却吉卓玛在工布地区教化众生，以及跟随自己在白日乌齐修佛塔的历程中，表现出了非凡的才能。唐东杰布进行了一番祷告，在求得了释迦牟尼的许可后，正式向众人表示了立尼玛桑布为继承人的意愿。

唐东杰布让贡嘎桑母和尼玛桑布跟随自己，向他们传授了经典的密宗教言。两人虽然年幼，但潜心修行，获益颇多。

此后，唐东杰布已经感到自己身体的日渐衰弱。但他仍然坚持给前来参拜的众生加持灌顶，为乌斯藏的各项善业劳心费神。他命尼玛桑布在白日乌齐圣地的山下搭起一座小小的经棚，自己禅居在当中，以便无论是乞丐、艺人还是妇女，只要诚心到此，都能不受阻碍地见到自己。他支撑着身体，如同年轻时一样神采奕奕，为的便是给那些前来求肯的百姓带来内心的安宁。

在人们眼中，他仍旧是那个无所不能，为众生谋幸福、修善业的活佛。

只有终日侍奉在身侧的尼玛桑布知道，师尊的身体一日不如一日了。

一个和煦的午后，尼玛桑布送走了一位前来祈求灌顶的人后，走进经棚，看见唐东杰布疲惫的神态，心中一疼，欲言又止。

似乎看穿了他的心思，唐东杰布淡然地说道："不必担心我的身体，我很好，多关照关照那些苦命的百姓吧。前些日子雅砻地区的头人送来许多礼物，祈求我为他们修一座铁索桥。我过去就打算在雅砻娘布渡口修一座桥，只是条件一直都不成熟，未能如愿。现在我想让你代我完成这项善业。"

尼玛桑布带领三百多人，在娘布渡口开始架桥。听说尼玛桑布是大活佛唐东杰布的弟子，当地头人感慨道："听说唐东杰布活佛身体不适，我们本来没有抱什么希望，没想到活佛没有忘记我们，派您作为他的使者来帮助我们架桥，真是太好了！"头人还表示可以提供一半的人力和物力。尼玛桑布也很高兴，说道："你们如此诚心诚意，我要以师尊的善业为名起誓，无论多么困难，一定要在此地修成铁索桥。"

在当地人的帮助下，尼玛桑布率领大伙，兢兢业业，花了一年时间，终于将桥顺利架成。谁料完工之际，恰是雨季来临之时。刚刚架好的铁桥被一场大洪水冲毁。人们议论道："这可是个凶兆啊！"尼玛桑布却不以为意，他笑着说："这不过是在考验我们是否足够诚心而已。"说罢便率领工人们夜以继日地抢修，直到藏历第八饶迥木龙年（1484年）七月十五日，终于将铁桥完全修复。

此后，乃东地区的活佛迪斯、泽当地区的活佛钦波科尼，以及雅砻地区的众多僧俗人等，都来到此地，参加隆重的加持仪式。尼玛桑布让众人围坐一圈，自己盘坐在中央，带领大家念诵了祷文。这祷文饱含深意，说的是：

知三时的大修行者唐东杰布，

带着您的心愿和命令，

我们来到雅砻修建铁桥。

经历了三百多个日日夜夜，

毁掉的桥墩得以完好如初。

空行母们洒下漫天花雨，

护法神们手持着幢幡，

他们会保佑您的事业永远兴旺，

> 如同每一日都从山顶升起的太阳。
> 让我们一起追随您的脚步，
> 为众生贡献自己的力量。
> 只有灵台清明，佛心朗照，
> 身体力行才能越挫越强。

随着建桥事业的发展，年轻的尼玛桑布在人们心目中的威望渐渐提高了。那些本来还对唐东杰布选定继承人的决定抱着怀疑态度的喇嘛，都对他由衷地信服起来。人们纷纷说道："尼玛桑布的确是唐东杰布最合适的继承人。"

当藏历第八饶迥木蛇年（1485年）到来之际，尼玛桑布完成了使命，再次回到白日乌齐山。此刻，那位一百二十四岁的老者静静地靠在床头，等待着这位弟子的归来。

衰老的活佛慈祥而安宁，如同往常一般，心中仍然记挂着他的善业："尼玛桑布啊，建桥事业进行得如何？"

"一切都很顺利。"尼玛桑布心中一痛，从唐东杰布衰弱的声音中，他听得出来，这次师尊恐怕大限将至了。

"顺利就好……"唐东杰布招了招手，示意他在床前坐下，"尼玛桑布，如果旅途不算疲惫的话，就在此陪我打打坐，念念经吧。"

"是，师尊。"

斗室内响起了最虔诚的祷告声，彻夜萦绕，直至天明。

最后的志业

黎明到来前,是黑夜最长最难熬的时候,很多修行者都难以忍耐那即将见到光明的一瞬。他们或许按捺不住,急匆匆地推开房门,满怀希望地期待着暖洋洋的光芒。但是,屋外依旧银星高悬,月亮拖着长长的尾巴,不肯跟太阳交还主宰的权杖。

尽管它因挂念这个世界无论如何都不肯离去,但太阳升起的时候,便是自然交替的时候。

"我必须走了,尼玛桑布。"长久的沉默之后,唐东杰布发出一声微弱的叹息。

"您要去往莲花界了吗?"尼玛桑布开口。

"凡世之外,云海仙山,有大自在之莲花界,屹立于苍茫之间。彼处居住着众多金刚佛和空行母,相伴的是烂漫的香花,和鸣的百鸟,听经的孔雀,献果的灵猿,乃是修行者毕生追求的极乐世界。"唐东杰布一生辛勤奔波,所成之善果何止千百。此刻,他的心里清净宁和,既无可惜,又无不舍。

"我离去后,为无数众生谋求幸福的担子,就交给你了。"唐东杰布说道。

"师尊,我一定继承您的善业,终生不悔。"尼玛桑布道。迟疑了一会儿,他略微有些担忧地说:"您能晚些时候走吗?虽然我已得到您的真传,可是一旦想到没有了您的日子,心中还是有很多迷惘。"

唐东杰布看了看窗外,示意尼玛桑布走到窗前,打开窗子。第一缕曙光已经穿透了浓浓的黑幕,将淡淡的光辉洒在打扫得一尘不染的石阶上。

"这缕光，便是你。"唐东杰布衰老的眼睛宁静而坚定，不容置疑，"尼玛桑布，昨日的光芒已由我带给世界，经历了一夜的沉寂后，众生万物都在期待着新的光芒，这一刻，你必须站出来。不用担忧，不用害怕，我随即将远游，但此心始终与你同在。"

"师尊……"尼玛桑布哽咽了。多少个夜晚，他无数次地默默祷告，期望那一刻永远不会来临。他无数次地告诉自己，假使到了那一天，为了让师尊安心，他一定要禅定下来，绝不流露出丝毫哀婉不舍之意。

然而真到了这一刻，陪伴在一生敬仰的师尊旁，他才感觉到，这种不舍之情发自内心，怎样抑制都是徒劳无功。

"哀痛悲伤，人之常情，即便修禅者，亦不必违心掩饰，只需要拿捏得住就好。"唐东杰布似乎看穿了他的内心，慈祥地安慰道。

"在你今后行大业时，不能太急，也不能太缓。一定要顺应民心，在该做什么的时候便做什么。你不可常驻一地，要以八风不动、八法一味为宗旨，遍游乌斯藏各地。哪里有困难，哪里就是你应该出现的地方。如遇困惑，当首先想到众生需要什么，一切困难便可迎刃而解。"唐东杰布留下了最后的话语，渐渐合上了眼睛。

藏历第八饶迥木蛇年，亦即公元1485年，这位历经了一百二十五个春秋的圣者，带着安宁和圆满，与世长辞了。

几十载朝朝暮暮，修铁桥，建佛塔，心系百姓。

多少年风风雨雨，收弟子，讲佛经，普度众生！

在最后，这位为众生行善业的活佛，心中悬悬不断的，仍是他一生为之奔波劳苦，为之穷尽心力的子民。

大哉唐东杰布！

一朝辞去皆是缘起缘散，
万世福荫如今光照依然。
清风白雪共洗满袖山水，
初心不悔尽归佛堂之前。

人之来世岂在钱财多寡，
千里跋涉但为丹心一片。
嗟我唐东杰布一生行善，
换来众生欣喜万众欢颜。
如今离去返回莲花世界，
善名善果何止百卷千言。
只盼芸芸众生各有归宿，
不枉山河如画万物如禅。

主要参考文献

[1] 久米德庆.汤东杰布传[M].德庆卓嘎,张学仁,译.拉萨:西藏人民出版社,1987.

[2] 曾国庆,郭卫平.历代藏族名人传[M].拉萨:西藏人民出版社,1996.

[3] 张鹰.藏戏歌舞[M].上海:上海人民出版社,2009.

[4] 杨辉麟.佛界——神秘的西藏寺院[M].西宁:青海人民出版社,2007.

[5] 王尧.走近藏传佛教[M].北京:中华书局,2013.

[6] 马丽华.西藏文史故事十五讲[M].北京:中国藏学出版社,2009.

[7] (法)石泰安.西藏的文明[M].耿昇,译.北京:中国藏学出版社,2012.

[8] (意)图齐.西藏宗教之旅[M].耿昇,译.北京:中国藏学出版社,2012.

[9] 巴卧·祖拉陈哇.贤者喜宴[M].黄颢,译.北京:中国社会科学院民族研究所,1989.

[10] 韩敬山.金顶下的拉萨:一座文化城堡的历史脉迹[M].广州:广东旅游出版社,2009.

[11] 聂晓阳.微观西藏[M].北京:商务印书馆,2012.

[12] 次旦扎西.西藏地方古代史[M].拉萨:西藏人民出版社,2004.

[13] 陈立明,曹晓燕.西藏民俗文化[M].北京:中国藏学出版社,2010.

[14] 杨嘉铭,赵心愚,杨环.西藏建筑的历史文化[M].西宁:青海人

民出版社，2003.

[15] 赤烈曲扎.西藏风土志 [M].拉萨：西藏人民出版社，1982.

[16] 恰白·次旦平措，诺章·吴坚，平措次仁.西藏通史：松石宝串 [M].陈庆英等，译.拉萨：西藏藏文古籍出版社，1996.

[17] 西藏自治区交通厅，西藏社会科学院.西藏古近代交通史 [M].北京：人民交通出版社，2001.

[18] 克珠群佩.西藏佛教史 [M].北京：宗教文化出版社，2009.

[19] 祝勇.西藏书：十年藏行笔记 [M].北京：东方出版社，2015.

[20] 谢启晃，李双剑，丹珠昂奔.藏族传统文化辞典 [Z].兰州：甘肃人民出版社，1993.

[21] 王尧，陈庆英.西藏历史文化辞典 [Z].拉萨：西藏人民出版社，杭州：浙江人民出版社，1998.

[22] 任继愈.佛教大辞典 [Z].南京：江苏古籍出版社，2002.